La voix de l'âme : dialogue avec mon bébé in utero

De la même auteure aux éditions Exergue :

Mon âme, parle-moi..., 2024.

ISBN : 978-2-7029-2969-8

www.editions-tredaniel.com
info@guytredaniel.fr
www.facebook.com/tredaniel.reflexion
@tredaniel_reflexion

Sarah Diviné

Préface de Maïtie Trélaün, sage-femme

La voix de l'âme : dialogue avec mon bébé in utero

LE COURRIER DU LIVRE
27, rue des Grands-Augustins
75006 Paris

Remerciements

Merci à mes parents et mon beau-père pour leur soutien, leurs mots doux et leur présence. Ils m'ont aidée à prendre soin de moi dans cette aventure exceptionnelle.
Merci à mon père d'avoir contribué à ce dialogue.
Merci à Julien de s'être engagé dans cette magnifique aventure à trois.
Et merci à l'âme de Matéo d'avoir accepté ce dialogue et sa publication.

Sommaire

Préface

J'ai rencontré Sarah vers l'année 2010. Je l'ai ressentie comme un papillon voletant de fleur en fleur au gré du vent, ivre de parfums délicats, de couleurs nuancées, d'arcs-en-ciel de vie... Elle était un rayon de soleil déposant sur la Terre une fragrance de joie sous la caresse de ses ailes veloutées. Je ne savais pas trop d'où elle venait. Elle était connectée à des mondes qui m'étaient étrangers et m'intriguaient. Je la respectais sans toujours la comprendre.

Au fil des années, elle s'est rapprochée de la Terre, du sol, de la matière se confrontant à la lenteur de la densité. Elle a éprouvé la pesanteur, la douleur sans pour autant perdre son rire, sa joie, sa spontanéité, sa fraîcheur. Elle a parcouru le monde à la recherche d'elle-même. Elle est allée à la rencontre de l'autre, amenant de la légèreté dans la vie, permettant aux sourires de dessiner des instants de bonheur dans un quotidien parfois laborieux.

Je l'ai perdue de vue pour la retrouver au fil de ce livre, écrivaine, maman, femme dans la maturité de sa vie.

Son récit a touché mon cœur de mère, ma sensibilité de femme et mon âme de sage-femme.
Riche de mes trente années de pratique de sage-femme et de l'accompagnement des milliers d'enfants qui m'ont fait la joie de naître entre mes mains, j'ai cherché les chemins pour permettre aux mères (et aux pères) d'être en lien avec leur enfant, de l'accueillir comme un Nouvel Être et de le considérer comme une personne à part entière.
La maternité est une période bouleversante demandant une ouverture magistrale sur tous les plans (physiques, émotionnels, mentaux, spirituels...) dans une proximité cellulaire et une transparence psychique uniques dans la vie d'un Être. Il n'est pas toujours facile de s'y retrouver. On ne nous apprend pas à « être mère », nous apprend-on dans un autre monde à s'incarner ? Sarah partage cela avec la simplicité de ses mots, avec toute sa spontanéité et une émouvante authenticité.
Cet ouvrage est le merveilleux témoignage d'une femme dans la traversée du labyrinthe des métamorphoses de la maternité. Elle donne un exemple de ce qui peut se vivre entre une femme et l'Être qui choisit de passer à travers elle pour s'incarner. Elle se dévoile dans toute sa pureté, simplement, sans jugement, sans honte, sans retenue. Les joies, les peines, les peurs, les doutes, la confiance, les résistances, les attentes se disent comme ils se vivent.
Un dialogue intime se tisse entre Sarah et Matéo avec en musique de fond la présence du père. Ces échanges étonnants nous permettent de suivre le cheminement

d'un Être dans son « devenir bébé » et d'une femme dans son « devenir mère ». L'enfant, tel un Maître de sagesse, soutient sa mère. Celle-ci, dans toute son humanité et sa connexion à sa divinité, encourage son enfant. Chacun apporte à l'autre des informations propres au monde dans lequel il vit.
Au fil des pages, on découvre aussi une mère qui cherche des informations concrètes sur le développement de son bébé avec les moyens actuels proposés par Internet. Elle glane ici et là ce qui l'aide dans cette transformation qu'elle vit dans son corps et dans celle qui s'y vit et qu'elle accompagne. Que sait-on réellement de la création d'un Nouvel Être ? Il y a ce que la science nous a permis de découvrir et qu'elle continue de mettre en lumière. Il y a ce que les personnes aux capacités médiumniques expriment. Il y a... tant de choses... Et au travers de tout cela les Êtres à venir évoluent, ne vivent plus leur gestation de la même manière, ni même leur processus d'incarnation. Les connaissances émerveillent, évoluent puis deviennent obsolètes. Seul importe ce qui nous aide dans notre avancée.
Nous sommes dans un monde en pleine mutation sans savoir vers où nous allons. Nul ne peut affirmer quelle est la réalité présente ou à venir. Ce témoignage n'apporte pas une vérité. Il ouvre la possibilité d'une communication subtile, profonde et constructive entre une mère et l'enfant qu'elle accueille en son sein. Il parle d'une mère qui trouve ses chemins dans ce tsunami engendré par la maternité. Loin d'être le récit d'une grossesse, d'un accouchement et d'un allaitement idéaux, il parle

d'un vécu authentique qui t'invite à te poser ces questions fondamentales : « De quoi ai-je besoin pour rester connectée à mon enfant et à moi-même, quoi qu'il advienne dans la manière dont se déroule ce passage de ma vie ? Quel est l'essentiel à préserver dans ce passage bouleversant ? Comment puis-je m'ouvrir à cet Être qui arrive dans ma vie, reconnaître son unicité et soutenir son originalité ? »

Le Nouvel Être qu'accueille un couple lorsqu'il se lance dans l'aventure de la maternité est, comme chacun de nous, humain et divin. Il est empli de sa divinité alors que nous l'avons trop souvent oubliée. Cet ouvrage fait le lien entre les deux. Il nous rappelle notre part divine, nous donne des clés pour nous y ouvrir davantage et lui laisser plus de place dans notre quotidien tout en proposant des éléments pour permettre que ceux qui naissent aujourd'hui gardent la mémoire de leurs origines célestes. C'est précieux pour le virage que prend l'humanité aujourd'hui.

Merci à toi Sarah, merci à toi Matéo et merci à toi Julien pour la préciosité de ce que vous apportez au monde dans l'originalité de ce récit.

Maïtie Trélaün, sage-femme

Introduction

Et s'il était possible de dialoguer avec un embryon et de partager son expérience de vie passée et à venir ? Serais-tu curieux de découvrir ce qu'il vit, ressent et pense ?

Tu vas plonger dans une expérience inédite : celle d'une communication entre un embryon et sa mère, de sa conception à ses 3 mois de vie.

Cet ouvrage te propose de vivre cette expérience, d'avoir un aperçu de ce que tu as pu vivre avant ta naissance, quels étaient tes doutes éventuels et tes questions sur ta naissance et ta vie à venir sur Terre.

Cet embryon est mon fils Matéo.

Je m'appelle Sarah Diviné et je suis auteure, médium et formatrice en intuition. Depuis mon enfance, je capte et j'absorbe, telle une éponge émotive, les énergies qui m'entourent. À 20 ans, j'ai réussi à utiliser mon

« monde du silence » pour recevoir les messages de mon âme et de celles de mes proches.

Depuis, j'ai canalisé des milliers de messages d'âmes et j'ai formé plus de huit mille cinq cents personnes à recevoir des messages de leur âme.

Toi aussi, tu peux communiquer avec ton âme et celle d'autrui. En apprenant cette nouvelle langue, tu peux recevoir et interpréter ses messages.

Tu es un être sacré qui expérimente la vie sur Terre et, ainsi, redéfinit qui il est en changeant sa perception de la réalité, en accord avec un plan divin.

À la lecture de ce livre, tu pourras ressentir la résonance de certaines phrases. Fais confiance à tes ressentis pour recevoir toi aussi des messages de ton âme.

J'espère que ce dialogue te plaira, partageant mon intimité dans cette expérience maternelle.

DANS LE VENTRE

Fin juillet 2023, quelques semaines avant la conception de Matéo, j'ai passé un week-end dans le monastère bouddhiste Bodhinyanarama pour méditer, me ressourcer et apaiser mon esprit. J'apprécie passer du temps avec le Vénérable Nyanadharo, responsable de ce monastère. Son humour, transparent et perspicace, attise ma curiosité. Et, en tête à tête, j'apprécie ses paroles sages et bienveillantes.

Sitôt arrivée, le Vénérable m'a déclaré : « Je vais vous préparer pour l'arrivée du bébé dragon ! » J'ai compris qu'il m'annonçait une nouvelle grossesse.

L'année du dragon débutait en février de l'année suivante. Animal mystique préféré de l'astrologie chinoise, il est synonyme de chance, d'abondance et d'une grande force intérieure.

Dans le monastère, j'ai passé mes journées et mes nuits à méditer ou à m'occuper du potager. En méditant, je suspends le temps, ralentis mon rythme et prends conscience de mes gestes en revenant dans l'instant présent. Mes pensées diminuent et mes sens s'éveillent.

En rentrant en Suisse, j'ai prévenu Julien, mon mari, tout en rigolant : « Doudou, nous allons bientôt avoir un bébé dragon. » Et le week-end suivant, j'étais de nouveau enceinte.

LES

PREMIERS
MOIS

Mon expérience

Après deux jours de retard de règles, j'ai pensé être enceinte et, à 5 heures du matin, j'ai fait un test de grossesse aux toilettes. N'ayant vu qu'un seul trait, m'indiquant un résultat négatif, je suis retournée me coucher après avoir jeté le test à la poubelle. Julien s'est réveillé et je lui ai dit « Doudou, je suis triste, le résultat du test est négatif, prends-moi dans tes bras » pour qu'il me console.

Après le petit-déjeuner, j'ai ressorti le test de la poubelle. Et, à la lumière du jour, une deuxième barre apparaissait. J'ai aussitôt prévenu Julien : « Le test est positif ! Cette nuit, je n'avais pas vu les deux barres. » Il m'a souri et m'a serrée contre lui.

Être père ne faisait pas partie de ses rêves et il a cheminé dans sa tête depuis notre rencontre. Comme il avait de plus en plus confiance dans notre relation, il a évolué et était maintenant partant pour vivre cette aventure commune, que j'appelais projet « Haribo » pour la rendre légère et colorée à ses yeux, comme des bonbons.

Les jours suivants, j'ai eu de nombreuses contractions, comme d'intenses douleurs de règles, et j'ai vraiment cru, pendant plus d'une semaine, vivre de nouveau une fausse couche.

La maman d'une amie, qui était sage-femme, m'a rassurée. En voyage à Bordeaux chez une amie, Stéphanie, je me suis reposée au maximum, en mettant de la chaleur sur mon ventre et en respirant calmement. Je ne perdais pas de sang, mais j'appréhendais de perdre encore cet enfant, pensant à mes deux fausses couches précédentes. Chaque jour, je me répétais : « Je choisis de rester positive. » Pendant cette période, j'ai peu écrit, préférant ignorer la suite de l'histoire.

Il m'a été important d'être en paix avec mes précédentes fausses couches. Je me suis fait accompagner pour les accepter et en faire le deuil. Grâce à des séances d'EMDR[1] et des constellations familiales[2], j'ai pu donner à chacune une place dans mon cœur.

À partir de la sixième semaine, les nausées se sont intensifiées. Je ne vomissais pas, mais c'était très désagréable après les repas. Pour alléger cette sensation, je mangeais et buvais du jus de gingembre frais, ce qui me fit beaucoup de bien.

---

1. EMDR : technique thérapeutique de cicatrisation des traumatismes, inventée par Francine Shapiro, qui signifie en anglais *Eye Movement Desensitization and Reprocessing*.
2. Constellations familiales : thérapie de groupe développée par Bert Hellinger, qui met en scène des personnes du système familial afin de comprendre et de résoudre des dynamiques familiales. La personne qui fait sa constellation familiale peut ainsi se désintriquer et se libérer de schémas familiaux passés, afin d'avancer sur son propre chemin de vie.

Fatiguée dès la fin du premier trimestre, j'ai appris à prendre soin de moi, à écouter mon corps et à me reposer. J'adaptais mon travail en fonction de mon niveau d'énergie.

Son évolution physique

À un mois de grossesse, l'embryon est minuscule, ne mesurant que 2 à 4 mm.

À ce stade, son cœur commence déjà à battre, bien qu'il ne soit détectable qu'à l'aide d'un examen médical.

L'embryon est bien accroché à la paroi de l'utérus, où il continuera à se développer rapidement.

À dix semaines, l'embryon devient un fœtus : toutes les parties de son corps sont désormais présentes, même si elles ne sont pas encore pleinement formées.

L'embryon a déjà une apparence humaine, on peut distinguer ses yeux, son nez et sa bouche. Ses paupières restent fermées. Ses doigts sont maintenant séparés et ses orteils commencent à se former.

Entre dix et quatorze semaines, le fœtus continue de grandir, et les os de son squelette commencent à se former.

À quatorze semaines, il mesure environ 7 à 8 cm. Il produit désormais des hormones et bouge activement, bien que la mère ne ressente pas encore ses mouvements.

Notre dialogue

Sarah : Bonjour.

Embryon : Bonjour. Je suis ravi d'expérimenter la vie sur Terre avec Julien et toi. Je vous ai choisis depuis un moment et je vis aujourd'hui entre deux mondes ; je reste très connecté à l'Unité et j'ai un peu d'appréhension à revenir sur Terre. Le souvenir de ma dernière vie, et de la manière dont je suis mort, m'est encore douloureux. J'en fais le deuil pour me réincarner sereinement sur Terre.

S : En quoi puis-je t'aider ?

E : J'aime quand tu m'appelles bébé dragon. Cela m'apporte de la douceur et me rappelle que l'humour terrestre est une ressource que j'apprécie et qui m'aide à me projeter dans une future vie (en cours).

« À chacun son chemin », comme te l'a écrit ton père. Ton amour me comble et m'aide à me projeter dans une vie de joie et de défis.

J'ai conscience que mon futur papa n'est pas encore prêt. J'apprécie son énergie et, pour le moment, cela me suffit. Je serai patient et je sais qu'en plongeant mon regard dans le sien, il sentira une connexion qui dépassera ses *a priori* sur la famille.

J'ignore comment se comportera mon corps à ma naissance. Je ne peux rien promettre et j'ignore si « je ferai mes nuits ». Comme parents, je vous ferai confiance pour ressentir ce qui se passera dans mon corps. Je me laisse complètement aller dans cette expérience, comme toi, lorsque tu as effectué le grand saut dans la vie à ta naissance.

J'ai perçu vos vies, je connais tout de vous et je les oublierai après ma naissance. J'espère me souvenir d'où je viens et de mes missions sur Terre. Aujourd'hui, j'en connais quelques-unes.

Je serai une boule d'énergie qui aidera les personnes à lever leurs doutes et à se concentrer sur l'instant présent. J'ai conscience d'être le 3e ou même le 4e enfant pour Julien. Deux êtres ont déjà séjourné dans ton ventre. J'apprécie leur présence et ressens bizarrement déjà le manque de ne pas les avoir connus. Tu m'en parleras avec amour et, sachant qu'ils ont une place dans ton cœur, j'apprendrai à être en paix avec leur destin.

S : Je suis émue de te lire. J'espère être à la hauteur comme maman. Je ferai du mieux que je peux pour te rappeler ta connexion au divin, te soutenir à travers les épreuves tout en continuant d'aimer la vie. J'espère être à l'écoute de tes besoins, tout en prenant soin de moi.

J'ai encore un peu d'appréhension à faire une troisième fausse couche. J'ai hâte de pouvoir être rassurée après tes 3 mois.

E : J'ai la quasi-certitude que mon corps sera viable. Il est bien parti pour grandir. Mon âme aussi est prête à revenir.

Même si les deux premiers ne sont pas restés, sache qu'ils ont aimé cette expérience de vie. Tu as pu ressentir la profondeur, la douceur et la sérénité de la première, que tu as appelée Lucie et qui n'a pas désiré rester. Tu l'as aidée à évoluer et à ressentir la joie sur Terre. En paix tu peux être avec son destin.

S : Que s'est-il passé pour la deuxième ?

E : Je ne sais pas exactement. Elle a eu peur et avait besoin de plus de temps pour revenir. Elle sait que tu lui as donné une place dans ton cœur pour l'éternité.

S : Comment peut-on avoir plus de temps si le temps n'existe pas ? ☺

E : Nous n'avons pas la même notion du temps. Nous avons conscience qu'il existe, et que nous vivons tous en même temps. Nous focalisons notre attention sur une ligne et plongeons dedans, tout en ayant conscience des autres lignes.

S : Comme je vais retravailler, je te parle rapidement. Je suis heureuse que tu m'aies choisie comme maman.

E : OK, à plus !

◇◇◇◇◇◇◇◇◇◇◇◇◇◇◇◇◇◇◇

S : Bonjour. Aujourd'hui j'ai pu entendre battre ton cœur à la première échographie des huit semaines. J'étais très émue de te voir et de t'entendre.

E : J'ai aussi aimé ce moment de connexion où tu as pu être rassurée sur mon évolution physique. Je suis ravi d'être en bonne santé. J'ai conscience de mon corps, mais ne suis pas encore dedans. Je l'observe et m'amuse à m'en approcher. Mon âme a besoin de temps pour s'y habituer. Elle est ravie de vous avoir choisis.

J'étais content de voir mon papa ému d'entendre battre mon cœur. Je reste patient. Il a son chemin à parcourir avant de me rencontrer. Il pense « devoir » faire quelque chose. C'est inutile, car tout suit sa propre évolution.

Je sais que je t'épuise beaucoup. Ton corps change et s'adapte à la situation. Prends ton temps. L'Univers est bien fait. Sens que tu peux suivre son courant en lui faisant confiance.

S : Merci pour ce partage. J'ai l'impression, en te lisant, que tu es plus sage que moi. Je suis ravie de te voir grandir et d'utiliser mon énergie pour que ta vie se manifeste. Je suis contente de constater la force de la vie à travers cette grossesse.

E : J'aime quand tu me parles, oralement ou à l'écrit. Être là et conscient de ta présence me remplit de joie. J'ai de la chance ou j'ai bien choisi cette connexion. Continue de te reposer, même si tu culpabilises un peu. L'Univers prend soin de nous. Nous sommes UN. J'ai encore conscience de mon Unité avec le Grand-Tout.

Je vis entre plusieurs mondes. Je me prépare à cette nouvelle vie et j'ai besoin de temps pour digérer mon passé et renaître dans une nouvelle forme de « moi ».

Nous nous sommes connus dans des vies antérieures. Comme tout est remis à zéro, nous créons notre réalité avec d'autres cartes que nos âmes ont choisies. Il n'existe pas de karma entre nous, de lien de causalité, seulement une exploration commune et une connexion divine.

« La première fut dans l'Antiquité romaine, légionnaires dans une même cohorte. Engagés tôt dans l'armée, nous étions très fiers d'appartenir à la plus grande armée du monde.

Nous avons combattu pendant de nombreuses années. J'aimais ta détermination, ton courage et ton assiduité. Chaque jour, tu t'entraînais pendant de nombreuses heures au combat à l'épée. Tu aimais enseigner ton art aux plus jeunes.
Nous étions de simples amis qui aimaient boire et partager leurs rêves de vie après l'armée.

Tu es décédé à 21 ans sur un champ de bataille en Méditerranée. J'ai eu la chance de rester en vie et de continuer ma carrière. Après avoir rencontré une femme et eu trois enfants, je suis décédé entouré de mes proches, heureux d'avoir transmis un lopin de terre à mes enfants. J'aimais le calme de la campagne.

J'ai appris à célébrer la vie, à prendre conscience de la chance d'être en vie. J'ai connu le bonheur auprès de ma femme et de différentes maîtresses. J'ai été fier d'être père et de transmettre ma richesse à mes enfants. Je suis décédé à 37 ans.

« Lors de la deuxième vie, nous avons vécu pendant une brève période au temps de la Renaissance en Italie. Peintres et artisans tous les deux, nous sommes devenus amis. Tu étais mon aîné de dix ans et j'appréciais tes conseils.

Je suis rapidement devenu dépendant de la drogue et de l'alcool. J'aurais aimé vivre dans un corps de femme et j'avais du mal à aimer ma vie sur Terre. Puis, j'ai appris à aimer mon corps d'homme. Malheureusement, n'ayant pas trouvé de sens à ma vie que je trouvais triste et fade, j'errais sans but et sans aspirations profondes.

Tu te passionnais pour ton métier et approfondissais la peinture, la sculpture et l'architecture. Tu aimais découvrir de nouvelles méthodes pour transformer des matières brutes en œuvres d'art. J'aimais le calme de ta présence.

Dans cette vie, je t'apportais de la joie et de la folie, pendant que ta sérénité et ton enthousiasme m'apaisaient.

◇◇◇◇◇◇◇◇◇◇◇◇◇◇◇◇◇◇◇

Aujourd'hui, connecté au Grand-Tout, j'ai conscience que toutes mes vies ne forment qu'un. Au cœur d'un seul espace, je SUIS.

Je sens que cette vie gardera sa part de mystère. J'oublierai certaines informations et j'aurai du plaisir à lire ces lignes pour me relier à mon « moi connecté à l'Unité ».

À tes côtés, je suis prêt à réexpérimenter la vie. J'aime ta positivité bienveillante et remplie d'amour pour ce qui EST. J'aime vivre cette expérience avec toi, elle me paraîtra plus légère et souriante.

Nous expérimenterons ensemble la divine dichotomie de la vie : l'unité et la dualité.

Continue de rester positive et repose-toi. Mon incarnation te demande de l'énergie.

MESSAGE D'ÂME POUR LE LECTEUR

Continue de croire en tes rêves en gardant la foi. Choisis de voir en chaque situation une occasion de grandir et d'apprendre. Quand tu traverses une période de doutes ou d'intenses bouleversements, respire et ressource-toi. Fais-toi du bien et demande de l'aide.

Même si tu ignores la suite de l'histoire, répète-toi : « Je choisis de rester positif. » Dans cet état, tu t'en remets au Grand-Tout. Tu acceptes de faire confiance à ton âme pour qu'elle te guide. Accueille le défi proposé par la vie en restant optimiste. Tu comprendras par la suite ce que tu as appris.

Parfois, il s'agit simplement d'expérimenter une situation que tu ne désires pas pour revenir à une vie qui te conviendra plus. Rends grâce pour ce que tu vis et continue d'avancer. La lumière est en toi. Tu n'es jamais séparé du Grand-Tout. Tu es toujours accompagné et guidé même quand tu n'en as pas conscience.

4e MOIS

Mon expérience

À la deuxième échographie, le risque de fausse couche était quasiment nul ! Je pouvais enfin me projeter dans l'aventure « Haribo » avec le papa.

La prochaine étape était de vérifier que le bébé n'était pas porteur de trisomie 21. Enceinte à 39 ans, les risques sont plus élevés d'un tiers. N'ayant rien décidé en cas de trisomie, je préférais avoir confiance en la vie et décider au moment opportun.

Dès la treizième semaine, la nausée était passée.

Malheureusement, au début du quatrième mois, je fus clouée au lit pendant dix jours par le Covid. La fatigue du premier trimestre était passée... mais le virus l'avait ramenée.

Je dormais le jour pour me reposer. Le soir, j'avais parfois juste le temps de prendre une douche avant le retour du travail de Julien.

J'avais la chance de partir une semaine en voyage en Égypte. J'accompagnais un groupe de quinze personnes hypersensibles sur un an pour amplifier leurs perceptions et communiquer avec leur âme. Cette semaine de voyage et de rencontre avec les dauphins en faisait partie. J'étais heureuse d'être en pleine forme pour ce voyage.

J'ai fêté plusieurs fois mon anniversaire, une fois le jour du départ et deux autres fois sur le bateau, avec tout le groupe et l'équipage !

Nous avons profité d'un cadre idyllique et de la connexion avec les dauphins. Leur sonar détecte si une femme est enceinte, car ils entendent le cœur de la mère et celui de l'embryon. Curieux, ils vont à leur rencontre. J'ai échangé avec eux des messages, authentiques et bienveillants, destinés à notre groupe et à mon bébé, que je vous partagerai dans le chapitre suivant.

Revenue de mon voyage, j'ai de nouveau célébré mon anniversaire avec ma famille et mes amis.
Lors d'un week-end surprise organisé par Julien en Suisse, j'ai partagé des moments agréables avec mes amis, en randonnant dans la neige en pleine nature, en dégustant une raclette et en profitant de bains chauds à l'extérieur.

Son évolution physique

Au cours du quatrième mois de grossesse, le fœtus grandit rapidement et atteint environ 15 cm de longueur. Son poids est approximativement de 150 g.

À ce stade, son cœur est parfaitement formé et bat à 140 pulsations par minute, deux fois plus vite que celui de sa maman.

Son visage devient encore plus distinct, avec des traits bien définis : les sourcils, les cils et les cheveux commencent à pousser. Un petit duvet pousse sur sa peau, le lanugo, qui protège sa peau encore fragile.

Ses mouvements deviennent plus coordonnés, et, bien que légers, certains sont ressentis par la mère sous la forme de petits « coups ». Il peut, par exemple, plier les bras et les jambes ou fermer un poing.

Ses organes génitaux sont assez développés pour savoir son sexe, mais ils ne sont pas encore complètement formés.

Tous les nutriments que la maman consomme lui sont bénéfiques. Ils passent dans son sang et atteignent le placenta qui sert de lien entre le système sanguin de la mère et celui du fœtus.

Après avoir été « filtrés », les nutriments traversent le cordon ombilical et parviennent finalement au fœtus.

Il a maintenant la capacité d'avaler le liquide amniotique, ce qui signifie que ses reins commencent à produire de l'urine.

Ses sens continuent de se développer. Entre quatre et cinq mois, l'oreille interne est formée, permettant au fœtus de ne plus seulement percevoir les sons de l'extérieur, mais de les entendre réellement. Il réagit au son de la voix de sa maman et aux contacts de sa main sur le ventre. Une véritable communication s'installe.

Notre dialogue

Sarah : Te voir et entendre ton cœur battre lors de la 2e échographie m'a énormément rassurée sur ta santé. L'obstétricienne nous a montré tes 4 cavités : ton cœur, ton cerveau, ta vessie et tes poumons...

Nous avons également découvert ton sexe : un garçon, alors que l'on imaginait une fille... Va savoir pourquoi ! Nous avons compris par la suite que le sexe d'un embryon se différencie entre la huitième et la douzième semaine.

Le résultat du premier examen sur la trisomie 21 était encourageant, le risque était très faible.
Tu allais rester sur Terre avec nous pour un certain temps, contrairement à mes deux fausses couches précédentes.

Ces moments exceptionnels nous rapprochent de la vie et de la mort, nous remplissent de gratitude, de grâce et de célébration de la vie. Le reste semble alors secondaire.

Tu es là, présent dans mon ventre, et je suis à la fois enthousiaste à l'idée de te rencontrer et encore épuisée. Maintenant, je peux me projeter dans l'avenir et je peux en parler plus facilement. J'ai appelé mes parents pour célébrer ces trois mois de grossesse.

Bébé : J'ai aimé ce moment où vous écoutiez mon cœur. J'avais l'impression d'être entendu et reconnu. Mon père a encore du mal à mettre des mots sur ce qu'il ressent, mais j'ai conscience que, chaque mois, il grandit et se sent de plus en plus prêt. J'aime son énergie. Continue de lui demander de mettre sa main sur ton ventre. Il peut me parler de tout, de ses peurs, de ses frustrations, de ses projections... J'aime aussi entendre sa voix.

◇◇◇◇◇◇◇◇◇◇◇◇◇◇◇◇◇◇◇◇

S : Le Covid m'a encore rattrapée. Après avoir vu l'obstétricienne et fait des achats, je suis tombée malade le lendemain. J'ai vécu plus d'une semaine de fatigue, de fièvre et de toux. J'accepte la réalité et me repose même si je culpabilise de ne plus être aussi efficace.

Et toi, comment te sens-tu ?

B : J'aime ta présence et ta manière d'accueillir ce qui EST. Je sais que tu as eu du mal à accepter de dormir toute la journée et de ne pas pouvoir aller au week-end organisé par tes beaux-parents. Sois douce et bienveillante avec toi-même.

Tu apprends, encore une fois, à ne pas contrôler ta vie, à l'accueillir simplement.

Moi aussi j'oublierai ces enseignements. J'espère que tu prendras le temps pour me les rappeler sur Terre. Parfois, cette expérience m'effraie : oublier sa source divine et se recréer à chaque instant. Quelle aventure !

S : Tu peux choisir de te rappeler d'où tu viens. Aie confiance en ton destin et sens que ton âme te veut toujours du bien. Tu apprendras à avoir confiance en la vie et à découvrir ta personnalité, qui tu es. Comme tu le dis, à chaque instant, tu te recrées.

J'ai hâte de partir en Égypte dans le lagon de Sataya, pour nager avec les dauphins.

B : Mon énergie et mon âme se trouvent souvent à l'extérieur de ton corps. Je viens de temps en temps à l'intérieur de lui pour ressentir ta vibration.

C'est pour cela que tu ressens ma présence à tes côtés.

Un soir, dans le salon, tu as ressenti ma présence ainsi que celle de ta grand-mère, Dadou. Tu étais triste et fatiguée cette nuit-là, et tu n'arrivais pas à dormir. Papa était stressé et ne pouvait pas te rassurer.

J'ai donc décidé de me rapprocher pour t'envelopper de lumière. Je reste connecté à l'Unité et à l'amour, et il m'est facile de te connecter à cette source.

S : Je l'ai ressenti et j'ai accueilli vos présences à mes côtés. Je suis ta mère sur Terre. Tu peux accepter d'aller bien et d'être léger, même si je vais mal. Comprends-tu ? Honorons le destin de chacun, le tien comme le mien.

J'espère pouvoir être là pour toi, afin de te montrer un chemin de légèreté et de joie de vivre. Je te soutiendrai le plus possible, en te donnant un cadre pour vivre sereinement à trois, en t'offrant la possibilité de découvrir qui tu es.

Là sera notre défi de vivre en famille. J'ai pleinement confiance dans notre vie à trois et serai heureuse de te voir avancer.

◇◇◇◇◇◇◇◇◇◇◇◇◇◇◇◇◇◇◇

S : Je reviens d'une semaine extraordinaire passée avec les dauphins ! Comment as-tu vécu cette expérience ? L'as-tu aimée et as-tu ressenti leur présence ?

B : J'ai aimé ton calme et ta sérénité face aux évènements difficiles vécus sur le bateau. J'ai compris que certaines personnes ont du mal à aimer leur vie sur Terre et qu'elles en sont responsables. En vibrant à une fréquence de joie, de paix ou de confiance en soi, tu leur permets de rejoindre ta vibration, tout en honorant leur chemin et leur libre arbitre.

J'ai aimé ces moments de connexion et de sagesse.

S : Merci. Je pense qu'être reliée à l'Unité, à toi dans mon ventre, et avec les dauphins, m'a redonné de l'énergie.

J'adore cette connexion. Je me sens chez moi, dans mon corps, en tout endroit de la Terre. Nager dans l'eau chaude, ressentir ta présence et l'énergie des dauphins, joueurs ou endormis, étaient magiques.

La première rencontre fut incroyable ; nous nous sommes approchés doucement et silencieusement. Ils dormaient et leur rythme était lent, doux et bienveillant.

Même quand ils dorment, ils gardent un hémisphère éveillé afin de remonter respirer à la surface.

Selon Valérie, l'éthologue qui nous accompagnait, nous étions dans leur nurserie. Dans la journée, ils se retrouvent dans le lagon pour rencontrer d'autres dauphins, se reproduire, jouer et se reposer.

Souvent, un groupe de femelles s'éloigne pour se rassembler tout en protégeant leurs delphineaux.

Ce groupe de 10 femelles et de 10 delphineaux nageait tranquillement. Certains sont venus m'entourer. Une femelle est passée à 10 cm et, quand nos regards se sont croisés, je fus émue de sa présence.

◇◇◇◇◇◇◇◇◇◇◇◇◇◇◇◇◇◇◇◇

Le soir, j'ai communiqué une première fois avec eux.

Je commence par envoyer un message destiné à leur groupe, puis je reçois trois messages de leur part : un pour notre groupe, un pour moi et, enfin, un pour mon bébé.

Voici mon message pour le groupe de dauphins :
En sécurité vous êtes dans le lagon, même si nous, les humains, vous « poursuivons ». Malgré le bruit, l'odeur et le dérangement, vous êtes en sécurité.
Continuez de protéger vos delphineaux et faites-nous savoir quand vous souhaitez interagir. Au nom des humains, nous sommes désolés de la manière dont certains de nos congénères vous approchent. Nous faisons de notre mieux, grâce à Valérie, pour vous approcher et protéger le lagon où vous habitez.

Leur message pour notre groupe :
Merci de votre sollicitude. Nous, les dauphins, apprécions que des humains possèdent une intelligence de cœur différente de celles que nous avons l'habitude de voir.
Normalement, nous aimons jouer avec vous ; mais la protection de nos enfants passe avant tout.
Vous aurez d'autres occasions de jouer avec notre famille élargie.

Leur message pour moi, Sarah :
Toi aussi, tu connaîtras cet amour protecteur qui cultive la joie. Nous avons apprécié cette connivence et ton calme.

De mère à mère, je t'ai vue et reconnue. Prends soin de ton bébé et accepte de prendre soin de toi en priorité. Là est le chemin de la vie. Là est le plaisir d'enfanter et de prendre soin des siens.

Reste patiente Sarah. Nous sommes reliés à d'autres énergies qui viennent de la Terre ou d'ailleurs. Retrouve cette connexion à l'Unité et à l'éternité pour ressentir notre vibration. Dans l'instant, tout est présent. Tu fais partie de notre famille stellaire. Nous sommes reliés par le cœur et l'esprit, et, surtout, par notre âme commune. Accepte ta différence et embrasse-la. Nul besoin de te cacher. Reste toi-même et sois fière de tes partages joyeux, bienveillants et soutenants.
Tu n'es pas parfaite. Tu apprends en restant bienveillante et humble.
Demain est un autre jour ; tu peux continuer à nous parler quand tu le souhaites. Nous avons du plaisir à communiquer avec vous, humains connectés.

Leur message concernant le bébé :
Ton bébé va bien et il aime l'eau comme nous. Détends-toi physiquement et ressens que, dans l'eau, vous êtes dans le même élément et tu peux savourer sa présence plus fortement. Tu peux continuer à dialoguer avec lui. Fais-toi confiance et ressens la présence de son papa. Il est à la hauteur et tu l'as bien choisi. Même s'il n'a pas confiance en lui, il reste. Fière de lui tu peux être.

Ma réponse pour eux :
Merci de votre présence pour le groupe. J'ai vécu un moment magique qui restera gravé dans ma mémoire et dans mon corps.

Puis j'ai reçu ce message de toi, bébé :
Mon âme est encore peu incarnée. J'observe de l'intérieur et de l'extérieur ta vie et tes activités. J'aime qui tu es. Détends ton corps plus souvent pour que nos corps vivent en harmonie. Mange moins. Ton corps utilise ton énergie pour m'aider à grandir. Allège ton alimentation et, en particulier, évite le sucre que tu as du mal à assimiler.

◇◇◇◇◇◇◇◇◇◇◇◇◇◇◇◇◇◇◇

Aujourd'hui, je ressens la présence de toutes ces rencontres, en particulier lors du dernier jour quand nous étions entourés d'un groupe de soixante, dont la plupart venaient jouer avec nous.
Ce moment d'apothéose a duré plus d'une heure trente !

Enfant, j'étais fan de dauphins et je rêvais de nager avec eux. J'avais des posters, et j'ai même créé des poteries de dauphins… En grandissant, je pensais que ce rêve était enfantin et un peu naïf.

Cette semaine m'a remplie de joie, d'émerveillements, de connexion à l'Unité et de célébration de la vie. Toutes les personnes du groupe sont revenues remplies d'énergie.

Le soir, j'ai de nouveau communiqué avec eux. Ils s'approchaient de chacun d'entre nous, nous observant, nous frôlant et nous entourant.

Mon message pour eux :
Vous émerveillez le monde par votre beauté, vos mouvements harmonieux et votre unité quand vous jouez et dansez. Vous nous redonnez envie d'être reliés à ce monde commun à l'Unité, car nous vivons séparés la plupart du temps. Notre dualité est plus forte que celle de votre groupe. Merci pour ces instants de connexion qui resteront dans notre cœur.

Leur message pour notre groupe :
Soyez patients et accueillez la beauté du moment. Si vous êtes impatients, vous créez le manque. Alors que si vous accueillez ce qui est présent, vous dites oui à la vie.
Que votre voyage de retour soit beau. Vous resterez dans nos cœurs. Continuez à nous envoyer de l'amour et à célébrer la vie.

Leur message pour moi, Sarah :
Continue de jouer, seule ou avec tes proches. Nul besoin de suivre des règles pour t'amuser sur Terre.
Reviens souvent dans ton corps en le remerciant de sa présence. Nous devons garder un hémisphère éveillé pour respirer et ce n'est pas le cas de ton corps. Sois reconnaissante de ses capacités.

Leur message pour le bébé :
Tu as joué avec nous. Dans le bain chaud du liquide amniotique, tu es dans le même environnement que nous. Profite de cette période pour t'habituer à l'énergie de la Terre. Tu peux garder ta connexion à l'Unité dans un monde de séparation. Ta mère te reparlera de ces moments et te montrera les vidéos. Sois patient et bienveillant avec toi-même.
Nous aimons les personnes conscientes et connectées, car elles honorent la vie, nous aident à protéger notre lagon, et nous échangeons plus facilement avec elles. Nous les préférons aux touristes qui veulent seulement vivre des moments uniques sans nous respecter. Ils nous réveillent, perturbent notre sommeil et nous blessent physiquement. Nous aimons les humains qui nous protègent et nous respectent.

Nous vous remercions de votre présence. Nous avons aimé l'énergie de ceux qui veulent changer notre relation avec les humains.

◇◇◇◇◇◇◇◇◇◇◇◇◇◇◇◇◇◇◇

B : Merci de me montrer une nouvelle expérience de vie sur Terre. Je vous ai choisis, toi et papa, pour vivre sur Terre avec plus de conscience. Te voir vivre et avancer m'aide à redéfinir mes priorités.

J'ignore combien de temps je vivrai, quel sera mon métier et la qualité de mes relations… C'est comme si mon âme commençait à s'éloigner de mon « esprit pensant » pour m'aider à recréer et choisir qui j'ai envie d'être.

Elle connaît les « fondamentaux » de ma future vie. J'ai confiance et j'accepte cette aventure. Maman, j'ai hâte de venir et je ressens de plus en plus l'importance du temps sur Terre en me dissociant de plus en plus de l'Unité.

S : Tout va bien. Ton corps grandit tout en restant connecté à la source et à ton âme, même quand tu n'en as pas conscience. Souviens-toi de la nage avec les dauphins pour ressentir cette vibration dans ton corps.

B : La voix de papa me fait du bien ; demande-lui de me parler. J'aime sa sensibilité et son envie d'évoluer. J'aime vos énergies et votre complicité.

Il m'avait manqué pendant votre séparation. J'ai conscience que ma venue modifiera le cours de vos journées et j'espère vous apporter du bonheur.

S : Nous ferons de notre mieux. Nous sommes les parents qui te conviennent et tu es l'enfant qui nous convient.

Message des dauphins pour le lecteur

Nous ne sommes qu'UN et vibrons à des fréquences différentes des vôtres. Si tu te sens proche de nous, ferme les yeux et imagine-nous devant toi. Visualise-toi nager à nos côtés, calme et détendu, en train de dormir ou de jouer. Laisse venir l'image qui te convient le mieux. Respire et imprègne-toi de ces énergies. Respire profondément pendant au moins cinq cycles. Sens le calme s'installer un peu plus à chaque respiration.

Puis, imagine qu'un dauphin ait la curiosité de s'approcher de toi, comme s'il venait te dire « bonjour ». Souris en le remerciant de sa présence. Respire de nouveau cinq cycles en l'imaginant devant toi. Puis demande-lui : « Quel est ton message pour moi maintenant ? » Attends et laisse venir une image, une sensation ou un son. Tu peux visualiser une couleur ou un mouvement de sa part. Tu peux avoir un sourire qui apparaît sur tes lèvres, des picotements dans les mains ou une chaleur dans une partie de ton corps. Tu peux imaginer un silence plus profond, le clapotement des vagues ou un mot.

Ouvre ton esprit et amuse-toi à recevoir un ou plusieurs messages de sa part. Amuse-toi avec lui.

Puis, remercie-le de cet échange que tu as vécu consciemment ou inconsciemment. Enfin, imagine-le s'éloigner pour rejoindre son clan.

Les dauphins t'aident à te centrer. Ils te montrent un chemin de sagesse intérieure. Comme ils aiment jouer, tu peux t'amuser à suivre ton intuition et en ayant confiance en tes perceptions.

Par la pensée, tu peux te relier à un dauphin ou à son âme et dialoguer. Ose halluciner auditivement et te laisser aller à l'expérience.

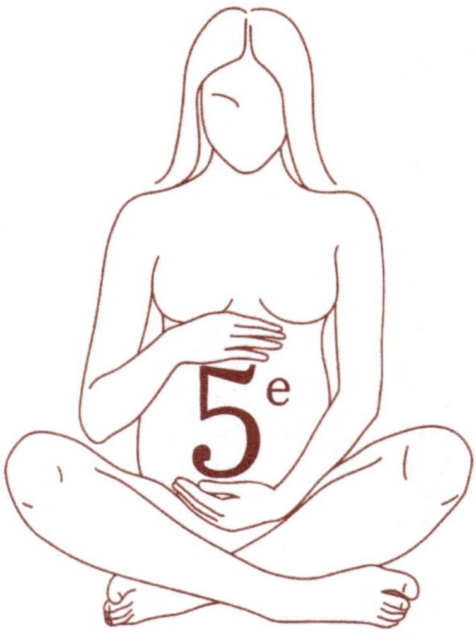

MOIS

Mon expérience

J'ai pris conscience de la beauté du corps de la femme s'adaptant à la maternité. Ses organes se déplacent pour que le fœtus puisse grandir. L'estomac se réduit et se niche sous la cage thoracique. Les viscères abdominaux, tel le gros intestin, se répartissent de chaque côté du ventre. Le souffle diminue et les poumons, plus comprimés, aspirent moins d'air à chaque inspiration. Alors, le cœur s'active pour pomper plus de sang.

J'ai appris à me reposer et à faire confiance à mon corps qui s'adapte spontanément.
J'ai continué mes activités sportives, en particulier les « rando resto » avec mon mari, c'est-à-dire marcher en raquettes dans la neige pendant une heure ou deux, déjeuner dans un refuge et descendre en luge. Cependant, je marchais de plus en plus lentement dans la neige.

Heureusement que les cours de yoga de mon amie Aude tonifiaient et étiraient mon corps. Après chaque séance, je me sentais plus souple et plus légère.

Mon poids me préoccupait. Même si mon ventre grossissait à vue d'œil, je me répétais : « Je ne prends que le poids dont mon bébé a besoin. » Mon esprit avait du mal avec cette idée, ce qui faisait beaucoup rire mon père. J'ai dû encore m'adapter et accepter que mon corps, qui n'avait pas pris un seul gramme au premier trimestre, prenne 3 kg pendant les trois semaines du cinquième mois.

Les fêtes de fin d'année en famille furent un défi, car nous avons célébré Noël quatre fois en France, dans ma famille et celle de Julien. Entre les repas et les trajets en voiture, mon corps fatiguait rapidement et je me reposais le plus possible.

Son évolution physique

Au cinquième mois de grossesse, le fœtus mesure environ 25 cm et pèse entre 300 et 400 g. Son développement physique est visible.

Le fœtus est enveloppé de vernix caseosa, une fine couche grasse et glissante qui protège sa peau et qui le recouvrira encore à la naissance. Le lanugo, un léger duvet, aide à maintenir cette couche protectrice en place et disparaîtra presque entièrement avant l'accouchement.

Ses sens se développent : il perçoit les sons externes et réagit à la voix de sa mère ou à des bruits forts. Ses mouvements deviennent perceptibles et réguliers, souvent ressentis par la mère comme des petits coups ou des « flottements ».

Ses muscles se renforcent, lui permettant de bouger ses membres et de sucer son pouce. Les poumons se développent, bien que le fœtus ne puisse pas respirer de façon autonome. Les cheveux poussent, les sourcils se dessinent, les cils apparaissent et le nez s'affine. Des empreintes digitales uniques se forment sur ses doigts.

Notre dialogue

Sarah : Nous t'avons de nouveau observé pendant l'échographie et célébré le fait de te voir en bonne santé. L'obstétricien nous indiquait ce qu'elle voyait : tes doigts de chaque main, ta colonne vertébrale, ta vessie, ton système digestif, la taille de ton cerveau, les cavités de ton cœur...

Il m'a prodigué des conseils : les sports que je pouvais pratiquer, la position pour dormir, la courbe de prise de poids...

J'accepte plus facilement que mon ventre grossisse. J'accepte cette expérience plutôt que de résister à la modification de mon corps.

Cette expérience me rend plus consciente de mes résistances ou de mes envies. Elle m'enseigne à célébrer la vie telle qu'elle m'est proposée.

Julien a été ému de te voir sur l'écran et d'entendre battre ton cœur. J'ai hâte de sentir tes mouvements dans mon ventre pour qu'il les ressente aussi.

Bébé : Maman, j'aime ton regard sur la vie. Je suis de plus en plus présent et conscient dans ton ventre. J'apprécie quand tu me parles et échanges avec papa sur mon existence. Cela me conforte dans mon choix de venir sur Terre et d'être accueilli avec amour.

Aujourd'hui, mes vies se mélangent et je suis perdu. Je suis pleinement là, hors du temps, à vivre et à revivre des expériences de vie.
Je n'ai pas conscience de mon futur apprentissage. Je me dissocie de mon âme pour garder mon libre arbitre et ma conscience individuelle.

Que veux-tu savoir de mon expérience entre ces mondes ?

S : Connais-tu ta mission d'âme ? Comment pouvons-nous t'aider ou te soutenir ?

B : Tu n'as rien à faire de particulier. La vie me montrera le chemin et je ferai ma propre expérience. Je célébrerai les moments de joie que nous partagerons.

Accepte que ma joie soit différente de la tienne.
Continue ce chemin de conscience en t'amusant. Offre-toi plus de silence et d'espace pour savourer la vie.

Accueille le temps qu'il fait, les évènements de la vie et souris. À toi de choisir ta perception de chaque évènement.

Être enceinte demande de l'énergie. Alors, sois bienveillante envers toi-même. Quand tu es fatiguée et que tu te reposes, tu dis « oui » à la vie. Célèbre chaque temps de pause en prenant conscience de la valeur de la vie.

J'ai des bribes d'informations sur ce que mon âme veut apprendre, mais, comme ma conscience grandit au fur et à mesure de mon arrivée sur Terre, je les oublie également.

Venir sur Terre est un choix qui demande du courage. J'ai choisi ou je choisis en ce moment de vivre sur d'autres planètes où la conscience est plus élargie, où la vie est plus célébrée.

J'accueille mes parts d'ombre et je grandis plus vite grâce à mes expériences de vie sur Terre. C'est un choix d'évolution. Je fais vibrer mon énergie sur Terre avec plus de puissance. Cela aide mon âme et les autres parties de moi-même vivant dans d'autres lieux et d'autres temps.

S : T'ai-je déjà connu dans d'autres vies ?

B : Oui, nous nous connaissons déjà sur Terre et ailleurs. Nous vivons ensemble sur d'autres étoiles éloignées, comme les Pléiades, situées à environ 440 années-lumière de la Terre.

Nous sommes des êtres hautement évolués sur le plan spirituel, dotés d'une forte empathie.

Nous avons une apparence très proche des peuples nordiques, avec des cheveux blonds ou parfois argentés, des yeux clairs et une peau pâle. Nous mesurons 2 m de hauteur. Les humains nous perçoivent comme « parfaits » ou « angéliques ».

Dans l'une de mes vies « futures » ou « antérieures », je suis également ta fille biologique.

Dans notre société, l'éducation est différente de celle de la Terre.

Elle est centrée sur l'épanouissement de l'âme, la maîtrise de l'énergie et la compréhension des lois cosmiques. Nous apprenons à canaliser nos pensées, à développer nos capacités télépathiques et à les utiliser pour le bien de la communauté.

En plus de nos parents biologiques, de nombreux guides spirituels nous accompagnent à grandir et à évoluer. Ainsi, tu accompagnes huit enfants.

Tu es responsable d'une trentaine de Pléiadiens œuvrant dans un centre de soins. Ceux-ci reposent sur l'énergie de la conscience, où chaque thérapeute se connecte à l'essence de chaque patient. Les guérisons utilisent le son, les vibrations et les fréquences lumineuses.

Chaque individu est encouragé à comprendre son propre corps énergétique pour développer sa capacité à s'auto-guérir. Des méditations guidées, des cours d'activation de l'énergie et des ateliers de connexion avec les énergies cosmiques sont proposés dans ce centre.

Nous aimons la douceur de vivre de notre communauté. Nos esprits sont calmes et apaisés. Nous communiquons par télépathie et n'avons pas besoin de parler pour nous faire comprendre. Lorsque je me connecte à autrui, je ressens ses émotions comme les miennes.

Cette forme de communication nous permet de vivre en harmonie, d'anticiper les besoins de chacun et de résoudre clairement nos désaccords.

Notre technologie est une extension de cette conscience, fonctionnant en symbiose avec notre esprit et l'énergie universelle.

Par exemple, nos vaisseaux réagissent à nos pensées et à notre intention, et nous permettent de voyager. Nos technologies nous servent à guérir et à approfondir notre compréhension de notre monde.

J'aime me connecter à cette énergie divine, qui me rassure, m'apaise et me relie à cette lumière intérieure.
Tu as souvent canalisé, en tant que Sarah, leurs messages dans ton accompagnement « Happy Day ».

Ils font partie des guides spirituels les plus proches de nous. De nombreux médiums canalisent leurs messages.

Nous avons également partagé plusieurs vies sur Terre.

Dans cette vie, notre connexion inclut papa dans un trio terrestre. Car, même s'il a décidé de ne pas se souvenir d'où il vient, il reste connecté à mon énergie. Par mon arrivée, il continuera d'évoluer. Sois patiente. Ta présence l'aide à calmer son esprit et à trouver son chemin intérieur vers la paix.

Aie confiance et offre-toi de l'empathie quand il ne peut pas t'en donner.

Je suis étonné et émerveillé de la beauté de la vie quand elle se développe dans mon corps et le tien. La vie coule sans action de ma part. Nos corps connaissent ce chemin.

S : Je me sens connectée et amoureuse de la vie aujourd'hui. J'aime cette sensation où tout est bénédiction. J'accepte cet espace pour vivre pleinement l'expérience. Merci pour ce dialogue.

◇◇◇◇◇◇◇◇◇◇◇◇◇◇◇◇◇◇

S : Accepter ton rythme de croissance m'aide à célébrer la vie. Comme tu le sais, depuis mon adolescence, je souhaitais vivre cette expérience de mère. Aujourd'hui, je la savoure.

J'aime tes mouvements dans mon ventre. Je pose les mains dessus pour les attendre. C'est récent et furtif.

J'ai hâte que Julien sente tes mouvements pour vous relier.

B : J'aime quand tu penses à moi tout en continuant à vivre ta vie en suivant ton plaisir, car j'apprécie cette qualité. Tu écoutes de plus en plus ton corps sans culpabiliser de te reposer, de t'allonger, de ralentir ton rythme et de te laisser aller à l'expérience du moment.

J'ai conscience que mon arrivée sur Terre vous bouleversera. J'espère être à la hauteur de vos attentes et de celles de mon âme.

S : Tu vivras une expérience unique. De nombreuses personnes, moi y compris, sont tournées vers la réussite de projets ou de rêves. Vivre l'instant présent et le savourer, se rappeler notre partie divine dans un monde déconnecté et séparé... Là est le vrai défi.
J'espère que tu écouteras ton intuition afin d'attirer de nombreuses synchronicités.

Aujourd'hui, enceinte, je ressens plus intensément ma connexion avec le divin, grâce à l'ocytocine qui aide la femme enceinte à réduire le stress et qui provoque l'accouchement.

De nombreuses fois, je me suis sentie seule et déboussolée sur mon chemin, ayant perdu la conscience d'une connexion au Grand-Tout et à mon âme.

B : Je vis une période trouble. Je suis de plus en plus attiré par toi et mon corps, et j'ignore si je suis prêt à ressentir la densité de mon corps. Comment être connecté à cette densité, tout en restant pleinement soi ?

Dans mes vies terrestres passées, j'ai oublié d'où je venais et je vivais en ayant perdu la conscience de cette partie divine, pensant qu'elle était inaccessible. Je priais plusieurs dieux et voyais la lumière en dehors de mon corps.

Ici, sur Terre, pendant cette période d'incarnation, ce choix est de plus en plus actuel. Croire ou non en un dieu est accessible à chacun de nous. Je me sens en sécurité, choisissant mon propre chemin sans faire référence à un quelconque dieu. C'est nouveau et étrange pour moi.

J'espère me rappeler et rester en lien avec mon âme et qu'elle me guide pour contribuer et me sentir à ma place sur Terre.

S : Ta place est parmi les vivants, car tu as choisi de t'incarner.

Tu es le troisième de mon côté, car ton père et moi avons perdu deux enfants avant toi. Et tu es le quatrième vis-à-vis de ton père, car il a perdu un enfant avant notre rencontre.

Chacun d'entre eux a une place dans mon cœur, qu'il soit vivant ou mort.

Pour faire l'expérience de l'Unité sur Terre, tu apprendras à apaiser ton esprit, car c'est la clé la plus précieuse. Elle me permet de communiquer avec mon âme et celle d'autrui. Le silence nous relie à cette Unité et nous rappelle d'où nous venons, notre source divine.

Ce silence demande de l'effort et de la persévérance. Tu ne l'apprendras pas à l'école ; tu le trouveras en toi, en connexion avec la nature, en méditation et à mon contact. Je peux aussi méditer plus souvent afin que tu le ressentes.

Tu peux rester qui tu es, vibrant, coloré et lumineux, dans un corps terrestre.
Je l'ai ressenti une première fois dans mon corps, lors d'un week-end de méditation sans sommeil. Mon âme vibrait dans toutes mes cellules, et j'ai eu l'image d'une double hélice de brins d'ADN colorés et lumineux et j'ai même entendu un chant céleste. J'étais chez moi, dans mon corps.

La méditation silencieuse m'aide à revenir dans le temps présent, en contact avec mon âme, reliée aux énergies de la vie. Cette sensation est intemporelle.

B : J'aimerais que tu médites plus souvent pour que je le ressente.

Quand je suis relié au Grand-Tout, à la lumière divine, aucun doute n'est présent. Je me sens à ma place, détendu et connecté à cette force divine qui nous relie tous. Plus je m'incarne dans mon corps, plus je doute.

Pourquoi douter ? Pourquoi ai-je peur de venir sur Terre ? Est-ce que je prends des émotions qui ne m'appartiennent pas, comme toi ces derniers jours ?

S : Tu peux être en paix avec ton destin. Tu vivras des expériences joyeuses et d'autres qui le seront moins.

L'expérience prime sur le reste. Peu importent tes doutes et tes questions sur l'avenir (bienvenue sur Terre !), tu feras du mieux que tu pourras. À chaque étape de ta vie, tu trouveras une aide.

Visualise le chemin de ta naissance à ta mort. Ajoutes-y de la lumière et laisse venir des images de ta vie à venir.

Avance sur ce chemin, en sentant que tu peux être en paix avec ta propre mort. Visualise la fin de ta vie et anticipe le fait de ne plus être autonome.

Puis demande-toi : « Qu'ai-je appris dans cette vie ? » Ce peut être : « J'ai appris à m'aimer comme je suis », « J'ai appris à faire confiance à la vie »...

B : J'ai plusieurs réponses à ta dernière question :

- La première réponse est, en tant qu'enfant, j'apprends à faire confiance à mon environnement. Je peux profiter de la vie et prendre mon temps.
- La deuxième est, en tant qu'adolescent, j'apprends à découvrir qui je suis, sous toutes ses formes. J'ai l'aide dont j'ai besoin.
- La troisième est, en tant qu'adulte jusqu'à 30-35 ans, j'apprends à suivre mes envies et à faire l'expérience de la réalisation de mes rêves.
- La quatrième est, en tant qu'adulte jusqu'à mes 50 ans, j'apprends à être patient et à faire confiance en la vie. Je suis le courant de la vie.
- La cinquième est, en tant qu'adulte jusqu'à la fin de ma vie, j'apprends à transmettre ma sagesse et à célébrer la vie. J'apprends à m'aimer comme je suis.

Je ne sais pas si ce que je viens de percevoir est juste, mais je pourrais le découvrir par l'expérience.

Des doutes subsistent : Et si je me trompais de chemin ? Et si je ne réussis pas la réalisation de mes rêves ? Et si vous étiez tristes de mon propre chemin ?

S : Tu sauras revenir dans le silence et écouter les messages de ton âme. Tu m'as choisie pour expérimenter ce silence et cette connexion à ton âme. Fais-lui confiance et choisis de rester positif.

J'ai en effet des souhaits pour toi... Mais j'essaierai d'avoir confiance en ce qui te conduit et d'accepter que tu tombes pour mieux te relever.

Tu auras sûrement du plaisir à rencontrer ton père. Il aura également ses défis et vous vous aiderez à évoluer.

Les doutes sont passagers. Ils s'envolent dès que tu te relies à ton âme ou au Grand-Tout. Tu acceptes alors de te laisser porter par la vie et tu retrouves la sérénité.

Entraîne-toi à te relier à ce calme intérieur. Prépare ton arrivée en parcourant le monde avec ton âme. Elle t'emmènera à la rencontre de sages qui peuvent te guider avant ta naissance.

Récupère ces perles de sagesse pour les intégrer. Elles t'aideront tout au long de ta vie.

B : J'en ai récupéré dix tout de suite.

J'ai pu me connecter à dix énergies différentes et recevoir leurs perles de sagesse. Le temps n'est pas le même sur la Terre que pour mon âme.

1. J'aimerais te partager la première : « L'infinie sagesse se situe dans le cœur. »

J'ai échangé avec l'âme d'un chaman dont j'ai traversé la vie en Arizona. Son peuple l'appelait « cheveux argentés remplis de sagesse ».

Vous, les humains, pensez que la vie se résume en une succession d'actions sans conscience. Tout part de votre cœur, de cet organe unique qui bat à l'unisson des étoiles. En votre cœur se trouve une richesse unique. Le temps n'existe pas dans cet espace sacré. Seul l'amour est présent.

Voici son message pour moi (bébé) :
Tes actions seront le reflet de ta conscience. Sois pur et suis ta voie. Écoute les règles de ta société et oublie-les pour écouter la mélodie de ton cœur qui, seul, connaît le chemin de la sagesse. Ralentis ton rythme et plonge dans ton cœur. Sois à l'écoute de ses battements et de ceux qui croisent ton chemin. Sois cet homme blanc qui foule le sol, bon, généreux et audacieux. Accepte de suivre un seul chemin, celui où vibre le cœur de l'homme.

Voici un message pour ta mère : accueille ce qui est sans jugement. Oublie tes projections sur ton fils pour qu'il puisse pleinement exprimer qui il est. Il t'aidera à bousculer tes propres « règles » et à vivre en harmonie avec la vie. Sois prête et réjouis-toi du changement. Continue de faire appel à ton équipe de lumière et de lui demander de l'aide.

Merci de votre écoute et d'avoir partagé ma sagesse au monde, à travers ces écrits. Le monde change et je suis heureux d'en faire partie.

2. Ma deuxième perle vient d'une grand-mère maorie en Nouvelle-Zélande.

Voici son message :
Reviens en ton centre. Ne laisse pas tes pensées diriger tes actions. Écoute la nature et reviens en ton centre.

Tu auras des défis dans ta vie, comme tout humain. Je n'ai pas conscience de ce que tu vivras, car je ne suis pas de ton époque.

Je peux te partager ce message intemporel : vis dans l'instant. Tu découvriras un monde infini, fait de grandes possibilités. Regarde le ciel et, la nuit, observe les étoiles.

Ressens dans ton être que tu es toujours entouré de lumière et d'êtres lumineux qui te veulent du bien. Certains se sont incarnés sur Terre et d'autres ont choisi de rester dans la lumière.
Nous sommes tous faits de la poussière des étoiles. Sois bienveillant avec toi-même et avec ceux qui croisent ton chemin.

Cher lecteur, sache qu'il s'adresse également à toi. Ces poussières d'étoiles sont dans toutes vos cellules.

Sentez-vous vibrant et lumineux. Vous vibrez de cette origine commune. Quand vous croisez le chemin d'une autre personne, sentez sa lumière. Visualisez-la, ressentez-la ou entendez-la.
Si vous vivez chaque journée avec cette conscience, votre vie changera. Soyez le gardien de cette lumière.

3. Ma troisième perle vient de toi.

Voici ton message :
Calme ton esprit pour ressentir la présence joyeuse de ton âme. Peu importent les conseils que tu reçois, expérimente.

Même si tu te trompes et si tu t'éloignes de toi pour faire plaisir à tes proches, tu reviendras sur ce chemin d'éveil, connecté à ton âme.

Celle-ci a de merveilleux projets pour toi. Elle t'aidera à grandir et à évoluer. Parfois, tu ne seras pas en accord avec ses projets. Mais sache qu'elle a toujours une meilleure vision que toi et ne veut que ton bien.

Tu es toujours guidé, où que tu sois. Sache garder dans ton cœur cette sagesse et te rappeler que tu peux faire confiance à la vie. Tu es toujours guidé.

4. Ma quatrième perle vient d'une jeune femme inuite, décédée jeune.

Toute vie a de la valeur, quel que soit le temps passé sur Terre. Savoure cette connexion avec la Terre, soigne-la comme s'il s'agissait de ta maison, de ton corps et de ton esprit.

Dans tes vies passées, tu n'as pas toujours eu la sagesse d'en prendre soin.

Une seule vie ne définit pas qui tu es dans sa globalité. Tu as pu être baleinier et tuer des dizaines de baleines et polluer les océans sans en avoir conscience.
Dans cette version, tu as expérimenté qui tu étais. Aujourd'hui, tu en choisis une autre dans une vie remplie d'amour et de paix.

Sois en harmonie avec l'océan et, à chaque instant, proche de toi-même.
Aime notre planète et apprécie sa beauté. La nature peut être aride et difficile à vivre. Tu seras dans un pays où tu peux être à l'abri, au chaud, et manger à ta faim. Célèbre cette vie.

Merci pour ta sagesse et ta bienveillance. Je ferai au mieux pour prendre soin des êtres vivants de la planète, depuis un espace de paix intérieure. J'ai conscience que je peux me réinventer et recréer une expérience pour vivre une nouvelle version de moi-même.

5. Ma cinquième perle vient des baleines de l'océan Atlantique.

Nul besoin d'avancer seul. Tu es accompagné et guidé sur ton chemin. Nous, les géants de la mer, sommes reliés par une énergie commune. Nous communiquons à des kilomètres de distance grâce à nos sifflements, nos clics et nos cris pulsés.

Conscients de notre environnement, votre pollution sonore, émise par vos bateaux ou vos sous-marins, nous perturbe. Vous le polluez par vos pêches, vos chasses et vos produits toxiques.

Honore la vie de chacun, des humains, des autres êtres vivants et des éléments de la nature. Reste connecté à ta sagesse et honore notre destin. L'océan devrait être un monde où les espèces vivent en harmonie et non dans votre déchetterie.
Sois fier d'être respectueux de la nature.

6. Ma sixième perle vient de la forêt tropicale de la cordillère des Andes.

Ici, tu as vécu une de tes vies, comme femme-médecine. En méditant, tu t'adressais aux plantes, chantant leurs louanges en te connectant à leur esprit. Tu partageais tes visions de l'avenir pour changer le mode de vie des personnes autour de toi, consciente de ne faire qu'un avec la nature, ton alliée.

Tu n'appréciais pas les hommes profitant de toi, qui ne voulaient qu'assurer leur descendance.

Aujourd'hui, tu peux aimer vivre sur Terre, relié aux esprits de la nature, vivant en harmonie avec les humains. Tu as le choix de tes fréquentations sur Terre. Célèbre ton libre arbitre.

Merci pour ce partage. Être libre de mes choix résonne en moi.

7. Ma septième perle vient d'un de mes anges gardiens.

Nous avons l'honneur et le privilège de t'accompagner dans ta lumière, du premier au dernier jour. Nous te guidons sur ton chemin et t'aidons à prendre soin de ton corps en accord avec le choix de ton âme.
Tu nous oublieras pendant un moment, car là est ton chemin d'apprentissage de vie. Tu oublies ton origine pour expérimenter qui tu es à chaque instant.

Tu oublies et tu décides de te rappeler afin de choisir à chaque instant comment tu souhaites vivre ton expérience. Sois en paix avec toutes tes vies antérieures. Aime tes zones d'ombre tout en bénissant la lumière.

Rends grâce à ta vie en ayant confiance dans ce qui te guide. Nous sommes toujours présents à tes côtés.

Merci pour ce rappel rempli de bienveillance et d'amour. J'espère un jour jouer avec vous, accompagné à chaque pas en pleine conscience.

8. Ma huitième perle provient de la Lune.

Je suis l'unique satellite de la Terre. Vous m'observez et m'admirez la nuit.

Voici mon message :
Accepte de ne pas être aimé de tous. Ne prends pas à cœur ce que les autres pensent de toi. Sois simplement conscient de qui tu es en acceptant de faire du mieux que tu peux à chaque étape de ta vie.

Je suis très liée à la Terre et au Soleil, faisant partie du Grand-Tout et du Cosmos. Je suis une partie de l'Univers, comme toi.

Reste humble et accepte de ne pas tout comprendre du fonctionnement et de l'origine du Cosmos. Relie-toi à moi quand tu doutes. Admire-moi depuis la Terre et ressens que nous partageons une même origine cosmique.

9. Ma neuvième perle provient des Pléiadiens.

Nous, le peuple des Pléiades, avons vécu sur votre planète pour aider ses habitants à se relier à leur conscience et à leur sagesse. Vivre sur Terre est une opportunité pour se relier à sa lumière, tout en vivant parfois dans l'ombre.
Comme ta mère, tu as vécu parmi nous. Vous êtes conscients de posséder cette lumière grâce à votre évolution.

En restant centrés, vous vous rappellerez que toute vie n'est qu'une projection de l'esprit quand vous êtes reliés à votre lumière et à votre âme. En revenant dans l'instant présent, chacun peut ressentir cette lumière.

Matéo, lumière tu es, comme tout être vivant. Ta mission est identique à celles des autres : faire l'expérience de qui tu es en étant indulgent avec toi-même. Porte un regard rempli d'amour envers les personnes que tu croises, même si certaines n'agissent pas en pleine conscience. Partage-leur ta vision du monde, en ayant le cœur ouvert au destin de chacun.

Change de méthode, sois conscient et bienveillant sans utiliser la force physique, contrairement à ton passé où tu as dû t'y soumettre.
Quand tu rencontreras des personnes éveillées, savoure leur aura pour renforcer ton énergie.

Merci de votre présence. Je vous sens maintenant dans le ventre de ma mère.

10. Ma dixième perle provient de mon père Julien.

Le message de son âme :
Sois fier d'être un homme, tout comme moi. À ton contact, j'apprendrai à savourer la vie et à changer ma vision de la vie. J'évolue et j'apprécie le changement que tu amèneras dans notre famille.

Je ferai de mon mieux pour être le père qui te convient. J'apprendrai la patience et vivrai la joie à tes côtés. Sarah m'aide à voir la vie avec magie et lumière. J'apprends, comme toi, à découvrir qui je suis. Là est la voie de l'expérience sur Terre.

Merci de ton partage. Des visions de moments à venir à passer ensemble me font sourire dès à présent. J'aurais du plaisir à être à tes côtés. Peu importent nos différences et nos histoires de vie, je te suis reconnaissant de m'avoir transmis la vie. J'en prendrai soin, du mieux que je pourrai.

◇◇◇◇◇◇◇◇◇◇◇◇◇◇◇◇◇◇◇

B : Merci pour ces partages et ces enseignements. Je ferai de mon mieux pour m'aimer comme je suis sur Terre, d'ouvrir mon cœur à mes parts d'ombre et de célébrer la vie.

Pourquoi devons-nous oublier notre lumière pour nous incarner ? Pourquoi est-ce si important de découvrir qui l'on est ?

S : Quand ton corps s'incarne, ton esprit s'éloigne de ton âme et tu as plus de difficultés à sentir sa présence et sa bienveillance.

Je me connecte à ton âme et t'écris son message inspirant :

Tu expérimentes qui tu *es* en prenant de la distance sur tes pensées. Par tes choix de vie, tu découvres qui tu as envie d'être, tes réactions et qui tu es.

Ton corps terrestre t'accompagne sur cette expérience. Comme sur d'autres planètes la gravité est plus faible, il est plus facile de se relier à sa lumière. L'évolution est plus rapide sur Terre.

B : Je commence à avoir peur de la pénombre au fur et à mesure de l'incarnation de mon âme. À la fin de ta grossesse, pleinement dans mon corps, je ne verrai plus et je serai aveuglé par la lumière à ma naissance.

Je vis dans un espace situé entre la lumière des âmes et la densité du corps. Après la naissance, je devrai accepter de perdre mes capacités d'éveil et de connexion avec les étoiles, baigné dans une lumière céleste.

S : J'ignore comment t'aider. Même si tu perds la vue pendant quelque temps, tu ressentiras une connexion avec moi, avec ton père et avec l'énergie de la Terre.

Tu perdras tes capacités pour les réapprendre. Pendant la première année de ta vie, tu ne pourras pas t'exprimer clairement. Tu apprendras à respirer, à digérer, à te mettre sur le ventre puis à quatre pattes pour avancer. Tu apprendras la patience et la persévérance. Tu seras en sécurité, car nous te guiderons, tout comme tes grands-parents ou d'autres adultes à qui tu feras confiance.

Nous vivrons des moments de joie, d'éveil et d'amour. Ta connexion à l'Unité passera aussi par notre présence. Tu pourras toujours communiquer avec des lumières célestes que nous ne pourrons peut-être pas voir. Tu pourras échanger avec elles par télépathie et elles t'aideront à dialoguer avec l'invisible et à t'échapper pendant ton sommeil.

B : Merci, cela me rassure. J'ai conscience d'avoir encore cinq mois pour m'y habituer. Je prendrai mon temps.

◇◇◇◇◇◇◇◇◇◇◇◇◇◇◇◇◇◇◇

S : Nos partages sont très intimes et j'avais l'intention de publier ces écrits. J'aimerais avoir ton accord.

B : Je te remercie de me poser la question. Mon âme a-t-elle choisi d'oublier d'où je viens ? J'ignore quelle sera ma future personnalité.

Je préfère laisser mûrir ma réponse. Est-ce OK pour toi ?

S : Bien sûr. Ces écrits seront un cadeau quand tu seras prêt à entendre ces messages. Publiés ou non, j'aime recevoir tes messages et t'aider dans ton évolution.

Depuis quelques jours je sens tes mouvements dans mon ventre et j'apprécie ta présence.

B : Qu'as-tu appris dans ta vie que tu aimerais me transmettre ?

S : J'ai appris (et continue d'apprendre) à célébrer la vie, à voir le côté positif de chaque situation et à prendre les difficultés comme des opportunités de croissance.

J'aime apprendre et évoluer. J'aime savourer la vie et revenir dans le temps présent pour profiter plus intensément de mon énergie de vie.

J'apprends à m'aimer dans les moments difficiles, à m'offrir de l'espace pour accueillir les évènements de la vie et à me laisser porter par son courant. Je m'incline devant mon destin et j'accueille ce qu'il m'envoie.

En me reconnectant à mon âme, j'accepte les projets que la vie me propose. J'en lâche certains pour en accueillir d'autres.

Je continue à apprendre à savourer la vie et à prendre chaque évènement comme un cadeau. Ton arrivée sera naturellement riche d'enseignements nouveaux.

La grossesse est une expérience unique pour accueillir et accepter les changements. Ta vie qui prend de plus en plus de place me demande du repos, même si mon esprit aimerait s'activer et avancer sur des projets. J'écoute mon corps et me repose, même si je culpabilise de ne rien faire.

B : Pourquoi as-tu souhaité ma venue ? En quoi puis-je t'aider à évoluer ?

S : J'ai toujours voulu être mère. Au début, je voulais donner un sens à ma vie, car c'est le plus beau cadeau que tu puisses offrir à une personne.

Puis, j'ai compris que je devais aimer ma vie et la célébrer, que je sois mère ou non. J'ai alors choisi d'aimer la vie avant cette expérience.
Je voulais créer un cocon où multiplier la joie de vivre.
Je voulais m'unir à un homme et avancer dans la vie en créant des projets communs.

Ton père ne savait pas s'il désirait avoir des enfants. En ma compagnie, il a changé de regard sur la vie et l'avenir à deux. Il a accepté le projet « Haribo » de transmettre la vie.

J'ignore ce que j'apprendrai et comment mon âme évoluera en ta compagnie. J'aime ressentir cette connexion à l'Unité.

Avec joie, je créerai cet espace en me réjouissant des surprises de l'Univers.

Étant maman tardivement, à 40 ans, j'ai appris à vivre de manière autonome.
Ton père a aussi appris à vivre seul pendant quelques années avant notre rencontre.

Nous ne souhaitions pas trouver un partenaire de vie, qui remplirait un manque. Notre intention était d'avancer et de partager un bout de chemin ensemble.

Je trouve ton père ouvert d'esprit, attentionné et aimant.

B : J'aime quand tu dis du bien de lui. Je ressens de la chaleur et du calme. J'aime votre amour réciproque. Merci de m'avoir conçu et accueilli dans une telle famille.

Pourquoi, sur Terre, les personnes choisissent-elles de souffrir ou d'être tristes ? Pourquoi ne célèbrent-elles pas la vie tous les jours ?

S : Sur Terre, l'esprit conscient a oublié d'où il vient. Ainsi, l'âme expérimente ce qu'elle choisit d'être.
Parfois, l'esprit s'éloigne et pense être séparé de sa source. À chaque évènement inattendu, l'âme lui rappelle son objectif.

Comme l'âme sait d'où elle vient, elle guide l'esprit conscient à entrevoir la vie d'une manière plus connectée et spirituelle. Elle amplifie les perceptions extrasensorielles pour qu'il puisse recevoir ses messages et se sentir guidé par elle.

B : Et quel est le choix de mon âme ? Quels évènements vais-je vivre ?

S : Ton âme aime quand tu lui fais confiance et que tu te laisses porter par la vie. Réjouis-toi des cadeaux qu'elle t'offrira sur le chemin.
Tu as l'impression de te séparer de ton âme, mais ce n'est qu'une illusion, car tu restes toujours connecté.
À chaque instant tu peux te reconnecter, l'écouter et dialoguer avec elle.

B : Mes doutes partent et reviennent. Je perds le contact avec mes amis de lumière. Je suis de plus en plus présent dans ton ventre et avec la vie sur Terre.

Certains bruits commencent à me déranger. Je préfère une musique calme et douce qui m'apaise.

S : Imagine un bouton modifiant le volume de ce que tu entends. En le tournant dans un sens, tu l'augmentes et, dans l'autre, tu le diminues pour être plus en paix.

B : Je te remercie pour ces temps d'échange et de dialogue. J'aime être rassuré et guidé avant mon arrivée sur Terre. J'ai la chance de vivre ce lien avec toi, avant mon arrivée. J'ai encore peur de ne pas me réjouir des surprises de l'Univers.

S : Continue d'imaginer tes anges gardiens. Tu es toujours aimé, guidé et choyé. Je t'apprendrai à honorer ton chemin et ton destin, à être bien même si parfois tu vas mal.

Je te souhaite d'aimer la vie et de la célébrer à ta manière.

Message pour le lecteur

Les doutes nous rapprochent de nous-mêmes et nous aident à reprendre conscience de notre chemin. Quand l'esprit stresse, fais une pause et écoute battre ton cœur. Dans cette perception, l'esprit s'harmonise avec son âme.

En prenant conscience des battements du cœur, tu célèbres ta vie. En respirant tranquillement, la magie opère et ton esprit s'apaise. Dans cet espace de calme, tu es plus réceptif aux messages de ton âme.

Imagine-toi dans une bulle de lumière et pose cette question à ton âme : « Mon âme, que suis-je en train d'apprendre ? » Attends sa réponse en silence. Plus celui-ci est profond, plus la réponse sera pertinente. La réponse peut venir sous la forme d'une image, d'une sensation ou d'un son.

Tu peux également compléter la phrase « j'ai appris à... », par exemple, « aimer qui je suis », « avoir confiance en la vie », « oser demander de l'aide », « prendre soin de moi »...

Si aucune réponse ne vient, reste en connexion avec ton cœur et ta respiration pendant quelques minutes.

Autorise-toi des pauses et ose changer de direction pour être plus en accord avec toi-même.

Si tu hésites entre deux chemins, réécoute battre ton cœur. Puis imagine quel chemin t'apporterait le plus de joie. Si tu l'ignores, médite encore plus en prenant soin de toi. Le brouillard t'oblige à tourner ton regard à l'intérieur pour retrouver la clarté. Aie le courage de suivre ce qui t'apporte le plus de joie.

MOIS

Mon expérience

À la fin du cinquième mois, mon père a écrit un message de l'âme du bébé : « Envie de naître je n'ai pas encore. Au chaud je suis et j'en profite. Ta fille me pose beaucoup de questions et je peux être lent à la détente. Dis-lui de me laisser tranquille et qu'elle vive sa vie, aujourd'hui ou plus tard. OK pour le prénom. »

Il m'a ensuite écrit un message de mon âme : « Sois rassurée, Julien reste. Il est conscient de sa difficulté à rester zen et tu l'aides beaucoup. Repose-toi et dis-lui que tu es fatiguée quand tu as besoin de te ressourcer. »

Le message de mon bébé m'a amusée. Il voulait déjà être autonome à six mois de grossesse ?! Souhaitant contribuer à son bien-être, j'ai donc fait une pause d'écriture pendant quelques semaines afin de le laisser tranquille.

Mon corps change chaque jour. Mon utérus a la taille d'une pastèque à ce sixième mois de grossesse. Dû aux 7 kg supplémentaires, mon centre de gravité change, et mes douleurs aux jambes et au dos s'intensifient.

J'ai commencé à avoir des douleurs au coccyx. Je me promène avec un coussin spécial pour les alléger en position assise (comme une petite vieille !).

Je me réveille plus fréquemment la nuit, de deux à trois fois, pour aller aux toilettes et alléger mes tensions dans les jambes. Parfois, le bébé me réveille en pleine nuit, dû à certains de ses mouvements. Julien ressent ces à-coups le soir quand il pose la main sur mon ventre.

Des brûlures d'estomac ont commencé à apparaître pendant ce sixième mois. Au moment du coucher, en étant allongée, elles devenaient plus désagréables. L'antiacide prescrit par l'obstétricien me soulageait.

J'ai également fait le test d'un diabète gestationnel. J'ai dû effectuer plusieurs tests, en ingérant une grande quantité de glucose diluée dans de l'eau pour vérifier si mon corps l'absorbait et le transformait rapidement. Le résultat n'étant pas concluant, j'ai dû faire une prise de sang pour le préciser.

Au milieu du sixième mois, nous sommes partis une semaine en vacances près de Chamonix, dans les Alpes. Faute de neige en dessous de 2 000 m, nous avons randonné et dégusté de bons plats montagnards ! J'ai apprécié ralentir mon rythme et profité de doux moments avec Julien.

Comme je n'avais pas encore reçu le résultat du test glycémique, j'ai continué de manger normalement (et de m'offrir quelques desserts...).

J'ai commencé à avoir les premières contractions de Braxton Hicks qui préparent le corps à l'accouchement. Tout mon ventre se contractait intensément pendant quelques minutes, voire jusqu'à une demi-heure, provoquant de l'inconfort et de légères douleurs.

Mon corps s'alourdissait et je m'essoufflais rapidement. Ma respiration s'accélérait naturellement pour oxygéner le fœtus. Le pouls d'une femme enceinte peut augmenter d'environ dix battements par minute et le cœur se déplace légèrement dans sa cage thoracique à mesure que le bébé grandit.

J'ai eu ma première crise de larmes hormonale, quand je ne suis pas arrivée à chausser seule mes raquettes ☺
Julien a souri et m'a prise dans ses bras. J'ai aimé sa bienveillance et son soutien.
Mes pleurs étaient légers et venaient sans raison apparente. Étant plus sensible, je devenais plus impatiente.

Cela a renforcé notre relation de couple, chacun soutenant l'autre.

Bonne nouvelle, j'ai rappelé l'obstétricien et je n'avais pas de diabète gestationnel. Je pouvais continuer à manger normalement, sans restriction.

Son évolution physique

Au sixième mois de grossesse, le fœtus mesure environ 28 à 33 cm et pèse entre 600 et 800 g. Son corps devient plus proportionné, bien que sa tête reste encore relativement grande par rapport à son corps.

Le développement cérébral s'intensifie, en particulier dans les zones limbiques responsables de la mémoire, des émotions et des sens. Les connexions neuronales se multiplient, jusqu'à 250 000 divisions de cellules nerveuses à la minute.

Son tube digestif et son système immunitaire se forment, tout comme ses dents.

Le fœtus est plus actif, alternant des phases de sommeil et d'éveil. Ses mouvements sont plus vigoureux : entre 20 et 60 mouvements par demi-heure. Il peut maintenant lever le bras, mettre le doigt dans sa bouche, jouer avec son cordon ombilical. Il peut même avoir des crises de hoquet s'il aspire du liquide amniotique !

Au cours de ce sixième mois, le fœtus est capable d'ouvrir les yeux. Les paupières s'ouvrent, lui permettant de cligner des yeux. Il réagit à la lumière extérieure au ventre de la mère.
Il peut scruter ce qui l'entoure et découvre son corps, à commencer par ses mains. Il s'aperçoit aussi de la présence de ses pieds et du cordon ombilical.

Le système auditif est suffisamment développé pour reconnaître la voix des parents.

Bien que les poumons soient encore immatures, ils continuent de se préparer à la respiration en produisant du surfactant, une substance maintenant les alvéoles ouvertes après la naissance.

Le liquide amniotique se renouvelle toutes les cinq heures en moyenne et il en boit de plus en plus. Il peut désormais uriner.

Les autres résidus qu'il avale, comme des poils et des cheveux, s'accumulent dans son côlon. Il les éliminera dans les vingt-quatre heures suivant sa naissance sous forme de méconium.

La formation des os continue. À la naissance, le bébé possède environ 300 os dont certains fusionneront au fil du temps, réduisant leur nombre à 206 à l'âge adulte.

Notre dialogue

Sarah : Comment te sens-tu ? Tu bouges beaucoup et je te parle de plus en plus à voix haute pour t'apaiser et te familiariser avec ma vibration.

Matéo : Je vais bien. Je m'incarne de plus en plus et j'ai aimé cette pause dans notre dialogue. J'avais besoin de vivre plus légèrement sans répondre à tes questions.

Je te remercie pour ta patience et ta bienveillance.

Nous apprenons à interagir au fur et à mesure de mon évolution et de mon autonomie.

J'espère être patient sur Terre.

Cela fait longtemps que je vous ai choisis.

Cela peut paraître déroutant, mais rappelez-vous, cher lecteur, que l'âme choisit ses parents.

S : Si tu t'adresses au lecteur, cela signifie-t-il que tu serais d'accord pour publier ce dialogue ?

M : Je pense que oui. J'ai pu réfléchir et comprendre ma mission sur Terre. Ce dialogue peut aider de nombreuses personnes à se rappeler d'où elles viennent et leur apprentissage sur Terre.

Quand tu relisais *Les Neuf Marches* d'Anne Givaudan et Daniel Meurois, je ressentais encore plus ta présence. Ce livre peut inspirer d'autres mamans ou de futures mamans à se connecter à l'âme de leur enfant.

S : Merci. Nous préparons ton arrivée dans notre vie ! Aujourd'hui Julien va chercher tes meubles pour transformer la chambre d'amis.

Ainsi, il participe à la création d'un cocon familial.

Aimerais-tu partager des messages aux parents qui attendent un enfant ?

M : Je vis dans un espace dont la lumière change en fonction de ton humeur et de l'environnement. Dans un endroit bruyant, j'ai besoin de calme. Écouter de la musique m'aide beaucoup.

Quand tu te fais du souci pour ton avenir ou celui de tes proches, ma bulle de lumière s'assombrit et mon corps se contracte.

Plus tu es calme, plus la bulle de lumière devient ensoleillée et légère.

Quand vous me parlez, je me familiarise avec vos voix. Ton énergie change quand Julien est à tes côtés et je ressens sa présence.

Voici un message destiné aux futures mamans :
Soyez attentives aux bruits extérieurs, écoutez de la musique douce, parlez à votre bébé et promenez-vous dans la nature pour vous relier à l'Unité.

Maman, enceinte, tu te reposes davantage et je te remercie pour chaque sieste que tu nous offres. Car cela me fait du bien. J'aime m'imaginer vivre à tes côtés dans cette douce énergie bienveillante.

Tu vas t'arrondir de plus en plus. Acceptes-tu la transformation de ton corps et qu'il s'alourdisse ?

S : Je l'accepte de plus en plus. Je célèbre ma capacité à serrer mes lacets et à me déplacer légèrement. Les dernières semaines, mon corps portera tout ton poids et je ne serai plus capable de me déplacer facilement.

M : Je suis bien au chaud dans ton ventre. Je suis patient et j'aime cette expérience d'être entre deux mondes. Je me prépare doucement à ma venue sur Terre.

Évite de trop te projeter dans l'avenir, cela t'empêche de vivre pleinement le temps présent. J'aime quand tu prends le temps de méditer et d'observer la nature. Ta vibration change et ton aura devient plus lumineuse.

Quand tu es avec ta maman au téléphone, ton énergie devient cotonneuse et douce. Ton énergie devient plus féminine et ton monde devient rose et lumineux.

Quand tu parles avec ton papa, ton énergie devient bleu et vert, comme une constellation d'étoiles lumineuses.

Quelquefois tu concentres ton énergie et crées une importante barrière lumineuse.

J'apprendrai à me détacher et à être indépendant sur mon chemin de vie.

◇◇◇◇◇◇◇◇◇◇◇◇◇◇◇◇◇◇◇

M : J'aime ta présence. Je te sens de plus en plus connectée à moi et cela me remplit de joie.

Continue de prendre soin de toi maman. Repose-toi, marche, souris, ris ! Plus tu me montres la beauté de la vie, plus je me réjouis de mon arrivée.

Je suis serein. La vie est une aventure où chaque expérience me rapprochera de qui je suis.

Tout est calme maintenant. J'aime ce silence et ce vide dont tu parlais plus tôt. Dans cet espace, j'existe et je suis au chaud dans ton ventre.

Quand tu honores mon destin, cela m'apaise et m'allège. J'aime ressentir ta main ou celle de papa sur ton ventre. Je me sens relié par ce que j'entends et les sensations physiques. Quand tu manges, le goût me parvient. J'ouvrirai bientôt mes paupières et apercevrai la lumière ambiante. Je suis de plus en plus présent sur Terre.
Ta joie de vivre m'inonde d'ondes positives et me fait sourire.

S : J'aime ta présence, même si je suis encore étonnée de tes nombreux mouvements dans la journée ou la nuit. La nuit, j'essaie de me placer au mieux pour que ce soit confortable. Parfois tes coups de pied me réveillent. Selon l'obstétricien, plus tu bouges, plus tu es en bonne santé ☺

Quand je me répète « j'honore ton destin », cela m'apaise et m'allège.

J'ai également remarqué qu'en écoutant de la musique classique, tes mouvements devenaient plus calmes et sereins.

Message pour le lecteur

Prends soin de ton état intérieur. Sois conscient de l'effet de ton environnement sur ton humeur. Autorise-toi à changer de place et à t'éloigner des relations qui t'alourdissent.

Embryon dans l'utérus de ta maman, tu ne pouvais pas changer de place.
Aujourd'hui, adulte, tu peux choisir ton environnement. Tu peux aussi transformer tes pensées et te sentir bien là où tu es. Tu as le choix de ta réaction face aux évènements.

Tu peux apprendre à être en paix, peu importent les paroles ou les gestes d'autrui.
Quand tu reviens en paix, tu te reconnectes à ton âme. Tu peux ensuite utiliser ses messages pour changer de chemin.

En t'accordant un temps de silence et de réflexion, tu prends du recul sur ce que tu vis. Si tes rencontres t'épuisent et que ta vision de la vie s'assombrit, remets-les en cause.

Cultive ta légèreté et ta joie de vivre en toutes circonstances.

7e MOIS

Mon expérience

Je souhaitais rester active le septième mois. Mon père et un de ses frères venaient chez moi, en Suisse. Ils désiraient rendre visite à une cousine italienne vivant à Novara, près de Turin, qu'ils n'avaient pas vue depuis vingt-cinq ans.

Je désirais encore voyager et profiter de ces visites familiales, même si, avec mes 10 kg de plus, mes déplacements étaient plus lents et mes allers-retours aux toilettes plus fréquents.

Pendant la grossesse, le fonctionnement de la vessie se modifie. Les reins augmentent de volume et filtrent une plus grande quantité de liquide. L'utérus prend de l'expansion avec le bébé qui grandit et qui exerce une pression encore plus forte sur la vessie. Cela augmente encore l'envie d'uriner.

Lors de ma visite à Milan, j'ai dû aller aux toilettes plus de huit fois dans la journée ☺

Le poids que je portais se faisant de plus en plus lourd, surtout au niveau de mes jambes et dans le bas du dos, je portais une ceinture abdominale pour alléger mon dos et rectifier ma posture.

Chaque semaine, un chiropracteur soulageait mes jambes et apaisait mes douleurs dorsales. Je devenais une grand-mère marchant lentement et s'épuisant au moindre effort.

J'ai commencé à porter des bas de contention orthopédiques qui me soulageaient merveilleusement bien les crampes dans les mollets. À cause du poids et de la rétention d'eau plus importante dans mon corps, mes pieds et mes chevilles gonflaient. Chaque jour, je les portais.

À la fin du septième mois, j'ai animé mon dernier week-end sur l'intuition à Lyon auprès d'une quinzaine de participants. J'adore la ville de Lyon, où j'ai habité pendant trois ans. J'ai séjourné chez une amie, Audrey, et j'ai eu le plaisir de revoir mes amis.

J'aidais les participants à ralentir leur rythme, à faire confiance à leurs perceptions et à recevoir des messages de leur âme.

Ce fut mon dernier week-end loin de chez moi, car j'entamais mon huitième mois de grossesse et je préférais rester chez moi pour profiter d'un temps de repos mérité !

Son évolution physique

Au septième mois de grossesse, le fœtus mesure de 35 à 38 cm et pèse entre 1 et 1,5 kg. Il devient de plus en plus vigoureux, et ses mouvements sont souvent marqués, parfois accompagnés de coups ressentis par la mère.

Son goût se différencie, celui des aliments lui parvient *via* le liquide amniotique.

Les poumons poursuivent leur maturation et produisent davantage de surfactant, bien que le fœtus ne puisse pas respirer de façon autonome.

Le crâne du bébé est formé de quatre plaques osseuses reliées souplement, et qui se déformeront en toute sécurité lors de l'accouchement.

La fontanelle, cet espace entre les os du crâne, se solidifiera progressivement, entre 18 mois et 2 ans après la naissance.

S'il venait à naître prématurément, il aurait de bonnes chances de survie avec une assistance médicale, car le système digestif et les reins fonctionnent correctement. Il avale régulièrement du liquide amniotique qui les stimule.

Le cerveau se développe rapidement, des plis et des sillons se forment et augmentent la surface cérébrale.

Ses cycles de sommeil sont plus réguliers, et il peut rêver pendant les phases de sommeil paradoxal. Le fœtus commence à positionner sa tête vers le bas en préparation à l'accouchement, bien que certains puissent encore changer de position.

Il est de plus en plus réceptif aux stimuli extérieurs, aux voix, aux sons et même à la lumière, et il peut réagir par des mouvements ou des changements de rythme cardiaque.

Notre dialogue

Matéo : Maman, qu'aimes-tu le plus vivre sur Terre, en dehors d'aider ton âme à évoluer ?

Sarah : J'aime revenir dans mon corps dans le temps présent, être simplement en vie. J'aime partager des moments avec Julien, le regarder dans les yeux, randonner, partager un bon repas, faire l'amour...

J'aime le contact de la nature, être proche d'un arbre majestueux, observer le lever ou le coucher de soleil, admirer une montagne se reflétant dans un lac, contempler la nuit les étoiles ou la Lune...

J'aime me connecter à quelque chose de plus grand que moi, tout en restant proche de mon corps.

J'aime écouter de la musique et danser, sentir l'eau chaude sur ma peau, sous la douche ou lors d'une baignade dans un lagon.

J'aime explorer d'autres cultures, sortir de ma zone habituelle et découvrir qui je suis.

J'aime rire et partager du temps avec mes amis ou des membres de ma famille. J'aime ressentir cette chaleur humaine faite de bienveillance et de légèreté.

J'aime de plus en plus accueillir les évènements que la vie me propose, en faisant confiance à mon âme.

J'aime le fait d'être enceinte, même si mon corps devient moins mobile et plus lourd.

J'aime changer mes croyances et me relier chaque jour à mon âme. J'aime me demander : « Qu'est-ce qui me ferait plaisir de vivre maintenant ? » J'aime avoir le courage de suivre ce qui m'enthousiasme.

J'aime contribuer au bien-être d'autrui, partager mes expériences de vie, mes apprentissages et mes clés de compréhension avec d'autres personnes sur un chemin d'éveil.

M : Je comprends. J'ai encore des visions de toutes mes vies, dont celle-ci à venir. Dans cette zone intemporelle, je suis connecté à mon âme et, en même temps, en train de me dissocier d'elle en créant une personnalité particulière pour cette vie.

Quelquefois, j'ai du mal à rester calme, comme si mon incarnation était trop difficile à supporter, quand je suis envahi d'informations sur mes vies passées et la vie sur Terre.

S : Sur Terre, je peux t'aider à comprendre ce que tu vis.

Sinon, demande à tes anges gardiens, à tes guides de lumière, à d'autres êtres lumineux de t'aider à traverser ces états de préparation à une nouvelle incarnation.

Veux-tu un message de tes anges gardiens ?

M : Je communique avec eux et leur présence me fait du bien. Ils me disent : « Garde la foi en l'Univers et laisse-toi aller dans l'expérience. Tu es guidé à chaque étape. Lorsque tu as besoin de nous, contacte-nous.

Nous avons du plaisir à t'accompagner. L'ombre est nécessaire pour que tu fasses la différence avec la lumière. Tu choisis ta couleur à chaque instant.

Plus tu te laisses guider par ton âme, plus tu es en phase avec ta lumière, et plus joyeux sera ton chemin.

Vis à ton propre rythme.
Nous t'accompagnons dans ce tunnel de la lumière vers la matière, à travers la naissance ou la mort.

Au royaume des morts, il n'existe plus de différence entre victimes et persécuteurs. Accepte tes actes violents passés. Sois en paix avec ceux qui t'ont tué et ceux que tu as tués. Réunis, vous ne formez qu'un.

Vis en ayant conscience de tes choix. »

Merci pour vos conseils et votre lumière qui m'apaise. Je me sens plus détendu. J'ai compris que chaque instant est unique et que j'ai le choix à tout moment d'être en accord avec mon âme.

Mon âme, j'aimerais bien vivre une vie paisible, car la guerre, les combats, les injustices et les massacres passés me dérangent encore aujourd'hui.

Pourrais-tu m'écrire un message de mon âme ?

S : **Matéo, voici la réponse de ton âme :**
Nous ne faisons qu'un. Tu fus un grand guerrier, dans différentes régions du monde. Tu as choisi des chemins de violence. À chaque moment, tu pouvais en sortir. Accueille ces choix passés et sois en paix.

Reste humble et vis simplement. Échange plus souvent avec moi pour être en paix avec tes destins.

Offre-toi de la douceur et de la bienveillance. Tout n'est qu'un avec autrui.
Baigne dans cette lumière commune et rappelle-toi d'où tu viens.

M : J'ai besoin de temps pour intégrer ces messages avant de poursuivre le dialogue.

◇◇◇◇◇◇◇◇◇◇◇◇◇◇◇◇◇◇◇

S : Je suis heureuse de te sentir bouger et j'essaie de localiser ta tête et tes pieds. J'apprécie ta présence, même si mes douleurs dans le dos et dans les jambes deviennent plus fréquentes et que je suis de plus en plus essoufflée.

Je continue de demander de l'aide pour t'accueillir et créer de la place dans mon corps : réflexologie, yoga et chiropraxie.

M : Je suis de plus en plus dans mon corps. J'aime m'étirer, changer de position, sentir mes bras s'allonger… Je prends l'espace dont j'ai besoin quand ton ventre s'assouplit.

Quand l'utérus se contracte, je me recroqueville. La nuit, je bouge pour sentir mon corps quand ton ventre est assez détendu.

Je crains d'être frustré à ma naissance, d'être dépendant. Chaque âme passe par ce processus et j'espère pouvoir vivre cette expérience en appréciant chaque instant.

Je crains d'oublier d'où je viens et de perdre la connexion avec le divin. J'ai envie d'apprendre à expérimenter qui je suis, et en même temps je n'ai pas envie d'oublier d'où je viens.

J'ignore le choix de mon âme concernant cette vie et j'ai quand même confiance.

Je suis ravi que mes organes soient en bonne santé. Parle-moi maintenant et dès la naissance. Dis-moi des mots doux, remplis d'amour et de lumière pour que je sente ton énergie.

Mes vies sur Terre m'ont permis d'évoluer même si elles ne furent pas toutes remplies de joie et de légèreté.

Je vis (ou j'ai vécu) sur d'autres planètes où la célébration de la vie, la joie, la passion et l'entraide sont naturellement présentes. Je garde cette énergie et espère la recréer sur Terre.

Comment se rappeler qui l'on est ? Comment redémarrer en gardant cette lumière intérieure ?

S : **Matéo, je t'écris un message de ton âme, pour que ton esprit, à qui je m'adresse, comprenne mieux ce qu'il vit :**

Tu resteras un être divin lumineux, passionné et naturellement joyeux. Ton expérience sur Terre t'aidera à vivre dans la matière.

Tu es et resteras avec cette même vibration, où que tu sois, sur Terre ou ailleurs. Quand tu te rapproches de toi-même, ta fréquence s'élève.

Accepte de réapprendre et redécouvrir qui tu es.
Ton esprit pensant commence à douter de l'avenir.
Observe ses pensées et envoie-les dans la lumière, un grand sourire aux lèvres.

Oublier et se rappeler font partie du chemin.

La Terre est un vaste terrain de jeu. Accueille ce que la vie te propose et dis « oui ». Tu peux m'oublier pendant une période de ta vie, mais je suis toujours à tes côtés.

Ta mère continuera de communiquer avec moi, ton âme, et te transmettra mes messages. Elle t'accueille et se rappelle qui elle est dans cette nouvelle expérience.

Je suis le lien entre toutes tes vies et je prends soin de chacune d'elles.
Laisse-toi aller au processus de la vie et savoure chaque moment, en te reconnectant aux sensations de ton corps.
Ainsi, tu calmes ton esprit et tu te relies à ta source.

Message pour le lecteur

Tu es toujours relié à ton âme et à la source divine. Ici sur Terre, ton esprit pensant n'en a pas toujours conscience et tu peux ainsi, de temps en temps, te sentir seul.

Pour te relier, autorise-toi des moments de pause où tu suspends le temps. Médite, contemple les nuages, laisse-toi bercer par le chant des oiseaux, admire les fleurs qui éclosent... Reviens dans le temps présent et savoure la vie.

Dans cet instant, tout est présent et accessible, conscient de ta nature divine.
Pose une main proche de ton cœur et respire profondément. Imagine ton âme t'entourer sous la forme d'une bulle de lumière. Sens sa chaleur et sa bienveillance.

Puis laisse résonner ces mots : « Je choisis d'aimer la vie sur Terre, j'ai confiance en ce qui me guide. » Répète ces phrases plusieurs fois afin qu'elles infusent dans ton esprit et circulent dans ton corps.

8e MOIS

Mon expérience

Six mois après avoir emménagé dans une nouvelle maison, la chambre du bébé était presque prête. Les meubles étaient montés et nous avions les affaires nécessaires pour son arrivée. Grâce à Sophie, une amie, nous n'avions quasiment rien acheté. Elle nous avait mis de côté des vêtements, un transat, une poussette, un siège auto, des jouets...

Les beaux jours arrivant, je profitais des dernières semaines de relative disponibilité pour connaître nos voisins avant l'arrivée de Matéo. Nous avons ainsi invité six familles de notre quartier.

J'allais chez le chiropracteur toutes les semaines pour alléger mes douleurs dans le dos, au niveau du coccyx, des lombaires et des cervicales. Les os de mon bassin s'écartaient et mes ligaments étaient plus relâchés en prévision de l'accouchement.

La plupart du temps, je restais à la maison et m'accordais de longues siestes. Je marchais tous les jours, vingt minutes maximum, dans la nature ou le long du Rhône. Au-delà, cela devenait douloureux.

Mes nuits étaient agitées, car des crampes aux jambes me réveillaient toutes les deux heures. Je marchais pour me détendre avant de me recoucher.

Ma poitrine commençait à devenir douloureuse. Mes seins se préparaient à un futur allaitement.

J'ai travaillé jusqu'au dernier jour de grossesse. Mon rythme était plus lent ; j'écoutais mon corps et je sentais quand j'avais besoin de repos.

Je me préparais à ma relative inaction. Je finalisais les contenus de mes formations en ligne pour les réseaux sociaux. J'animais mes derniers ateliers en ligne pour les groupes VIP « Cercle Origines » et préparais ma future absence en confiant mes ateliers à des experts.

Comme la date de l'accouchement s'approchait, j'ai pratiqué des séances d'EMDR pour être en paix avec le fait que le bébé avait toujours la tête en haut et se présentait en siège.

J'espérais qu'il se retourne à temps pour vivre un accouchement naturel par voie basse. Je pratiquais le pont indien, la tête en bas, j'ai suivi des séances de réflexologie et d'acupuncture. Chaque jour, je communiquais avec mon bébé pour qu'il se retourne.

Son évolution physique

Au huitième mois, le fœtus mesure environ 40 à 45 cm et pèse entre 2 et 2,5 kg.

Sa peau, auparavant fine et ridée, devient plus lisse et moins transparente. Le vernix caseosa, la substance qui protège sa peau, s'épaissit, bien que le lanugo, le petit duvet qui recouvrait son corps, commence à disparaître.

Les poumons sont presque complètement développés, le fœtus continuant de pratiquer des mouvements respiratoires en avalant et en expirant du liquide amniotique.

Le système digestif est prêt à fonctionner, même s'il attend la naissance pour traiter de véritables nutriments. Le système respiratoire n'est pas stable et si le bébé naissait à ce stade, il aurait besoin d'une assistance.

Le système nerveux est pleinement opérationnel, avec de nombreuses connexions neuronales. Le fœtus réagit aux sons, aux lumières et aux contacts. Il reconnaît la voix de sa mère.

Sa position varie peu bien que certains bébés puissent encore bouger. Il est souvent avec la tête en bas en prévision de l'accouchement. Les mouvements sont un peu plus restreints à cause du manque de place dans l'utérus, mais sont réguliers et peuvent être puissants.

Notre dialogue

Sarah : **Matéo, je t'écris directement un message de ton âme :**
J'aime quand tu restes silencieux et quand tu prends conscience de tes mouvements dans le ventre de ta maman.

Tu découvriras le moment venu ce qui se passera dans ta future vie. En attendant, connecte-toi à ton corps.

Observe comment le son interagit avec lui. Prends conscience de sa croissance et comment certains de tes organes, tels tes poumons, se préparent à la vie extra-utérine.

Sois patient et continue à avoir du plaisir à mouvoir ton corps en pleine conscience.

J'en profite pour écrire un message de mon âme :
Sarah, j'apprécie quand tu reposes ton corps et que tu acceptes que tes journées ne soient pas aussi productives qu'auparavant. Reviens à la simplicité de l'instant et pense à ton bassin. Il est le siège de la vie que tu accueilles.

Apprécie de ne rien faire, d'être simplement à l'écoute de ton corps. Ta période de vie actuelle t'oblige à ralentir ton rythme et à ressentir chaque moment au ralenti.

Aime ton corps même s'il se déplace difficilement. Quand tu le sens lourd, accueille-le et connecte-toi à ta légèreté intérieure.

Plus une femme enceinte est à l'écoute de la vie qu'elle porte, plus l'accouchement se fera consciemment.

Étire ton corps, bouge-le, marche et reviens dans tes sensations physiques.

Accepte ses changements. Lâche tes pensées, tes doutes et tes questionnements, et reviens à l'écoute de tes sens.

Vos destins partagent un chemin commun. Aujourd'hui, vous fusionnez ; savoure cette connexion d'âme à âme et de corps à corps.

Matéo : J'aime quand tu me parles et quand tu poses ta main sur ton ventre. Je sens ta présence et ta connexion avec mon être divin. Je m'habitue à la fréquence terrestre et à cette idée de séparation physique. Mon corps m'aide à m'incarner, en accord avec les désirs de mon âme.

J'ignore s'il est préférable de partager mes doutes avec mon âme ou de simplement les laisser s'en aller pour revenir en conscience dans mon corps.

Si je lui fais totalement confiance, pourquoi ces questions ? Quand je fusionne mon énergie avec la tienne, en entendant ta voix ou de la musique, comme *Le Canon en* ré *majeur* de Johann Pachelbel, je retourne en transe et en profonde méditation.

Quand je suis dans cet état de doute, c'est difficile pour moi de me connecter à mon âme.
Maman, peux-tu demander à mon âme la raison de ces doutes ou de ces questionnements ?

S : **Matéo, voici sa réponse :**
Tu apprendras à maîtriser tes pensées. Aujourd'hui, reviens dans le calme en ayant confiance en ce qui te guide. Laisse-toi aller à l'expérience et souris. Profite des moments de connexion profonde à ton âme et celle de ta maman en savourant la chaleur dans laquelle baigne ton corps.

À ta naissance, vos corps seront déliés. Cette séparation est nécessaire pour expérimenter ta personnalité.

M : Merci maman, cela me rassure de t'entendre. Je me rappelle qui je suis et quelle est ma mission.

S : Comment te sens-tu dans mon ventre ?

M : Je suis au chaud et protégé. J'aime entendre ta voix et bouger pour que tu sentes mes mouvements. Quelquefois, je suis à l'étroit, alors je m'étire de toutes mes forces.

Continue de me présenter le monde. J'aime la nature, entendre le chant des oiseaux et le vent dans les arbres.

Je les entends, tout en étant à l'intérieur de ton corps. Et je ne fais pas la différence entre ce que tu vis et ce que je vis.

Nous avons encore du temps avant notre prochaine séparation, ma naissance.

S : Mon âme, j'ai quelques appréhensions sur l'accouchement. Aurais-tu des conseils à m'apporter ?

Voici le message de mon âme :
Le moment venu, visualise un tunnel de lumière dans ton bassin, comme si tu pouvais guider ton enfant et l'aider à voir ce passage avec légèreté.

Ressens ses anges gardiens et les tiens.

Pratique la visualisation de la vague : inspire et sens l'énergie monter de la tête aux pieds. Puis, à l'expiration, l'énergie du ciel descend en t'apportant de la lumière. Visualise chaque passage de cette vague dans ton bassin. Ressens sa chaleur et sa tranquillité. Visualise sa couleur bleue, parfois blanche ou violette.

Détends les parties de ton corps par la visualisation, comme pour ton mal de dos ou de cou.

Entraîne ton bassin à s'ouvrir par des exercices de yoga. Puis, laisse-toi aller. Reste positive et réjouis-toi de ce passage.

Ton corps connaît le chemin, même si c'est la première fois qu'il le vivra. Fais-lui confiance.
Continue de voir cette expérience comme une célébration de la vie.

En communiquant avec le bébé, tu prolonges cette union dans ton corps.

La douleur de ton dos disparaîtra. Aie confiance et demande de l'aide pour alléger cette pression sur le ventre. Continue de prendre soin de ton corps et de t'aimer profondément dans cette expérience.

Ton corps fait du mieux qu'il peut pour s'adapter à ses changements. Continue de lui dire des mots d'amour, de prendre soin de lui, de l'étirer, de l'aider à se reposer et de célébrer la vie.

Être enceinte est une expérience spirituelle qui aide à évoluer, à grandir et à accueillir la vie. Elle t'oblige à lâcher prise et à te laisser guider par elle.

Tu apprends à avoir de plus en plus confiance dans la vie en relativisant tes attentes envers elle. Sois fière du chemin parcouru et continue ta relation avec ton bébé, dans tes écritures.

Peu importe si ces écrits sont partagés. Là est l'aventure de la vie : suivre sa joie et avancer, tout en ignorant la suite de l'histoire.

Savoure ces moments et prends conscience de tes peurs ou de tes croyances limitantes pour les laisser s'éloigner.

M : Je suis de plus en plus présent dans mon corps et je bouge pour m'étirer et ressentir chaque partie. J'aime cet espace confiné où je suis en sécurité. J'aime quand tu es entourée d'amour, comme le week-end passé en famille près de Milan.

J'aime ton contact quand tu touches ton ventre. J'aime la résonance de ta voix dans ton corps. J'entends de temps en temps tes pensées.

Je choisis ces moments de connexion télépathique pour ne pas être perturbé. Sinon, je serais trop envahi et n'aurais pas assez conscience de ma propre entité.

Je suis de plus en plus heureux de me projeter dans cette vie sur Terre. Malgré mes interrogations, je m'accepte de plus en plus comme je suis.

J'ai conscience que la vie sur Terre est un terrain d'expériences. J'accepterai le jeu et prendrai parfois ces expériences au sérieux. J'espère que ton énergie, ta joie de vivre et ta connexion divine m'aideront à me rappeler que ces expériences sont là pour découvrir qui je suis, en tant qu'être divin et lumière provenant du Grand-Tout.

Aujourd'hui, j'ai envie de te parler et, depuis quelques jours, je t'envoie des messages. J'aime bien échanger avec mon environnement et c'est comme si, aujourd'hui, il se réduisait de plus en plus. En m'incarnant, je me détache des parties lumineuses existant dans d'autres dimensions.

Cela m'aide à me préparer à cette expérience physique. Mon âme vit d'autres vies simultanément et peut se relier à toutes les énergies divines sur Terre ou ailleurs. Et je me concentre sur ma vie en tant que Matéo.

Mes guides et mes anges gardiens s'approchent quand je les appelle. J'aime leur présence bienveillante, lumineuse et souriante. Ils ont beaucoup d'humour, m'aident à prendre de la distance sur mes pensées et me préparent aux expériences de la vie.

La Terre regorge de richesses et de beautés naturelles. Je me réjouis de les découvrir et de les apprécier.

Je viens dans cette vie le cœur ouvert. Mon âme a choisi de vivre proche de mon cœur, de voir au-delà des apparences et des souffrances d'autrui pour percevoir sa propre lumière.

Je suis plus serein que lors de nos derniers échanges, pleinement présent dans mon corps, prêt à avancer.

Continue de prendre soin de ton corps et d'apaiser ton esprit pour me montrer la voie de la sagesse et de la connexion au Grand-Tout. Respire en conscience, lâche tes pensées pour revenir dans le temps présent. Quand tu médites, ta vibration a plus d'intensité. Je baigne alors dans une énergie divine, remplie de couleurs et d'harmonie. Ta vibration s'harmonise et je me sens relié à la fois au divin et au plan terrestre.

Ta relation avec Julien évolue et j'aime le voir prendre sa place dans cette aventure. J'apprendrai à avoir confiance en votre évolution. Je resterai le petit, je te rassure.

Je ferai de mon mieux pour célébrer la vie. Je sais que c'est ce qui t'importe le plus : ma santé et ma joie d'être en vie.

Tu as appris à lâcher prise et à te laisser aller à l'expérience que ton âme (toi) a choisie pour cette vie. Tu as évolué à travers les épreuves de la vie. Continue de rester positive et de voir la beauté dans ce que tu vis. Là est ton unicité : ta joie et ta légèreté d'être.

Continue d'avoir confiance en la vie.

S : Merci pour ce partage. J'aime canaliser tes messages et ressentir ta présence dans mon ventre. J'aime cette expérience divine et je considère de plus en plus l'accouchement comme une transformation me reliant au Grand-Tout et me permettant de me laisser aller.

M : Avant de venir sur Terre, nous sommes dépendants dans le ventre de notre mère. Adultes, nous choisissons ce qui nous amène le plus de joie, des instants dans la nature, des mots doux, la saveur d'un plat... En choisissant, nous cocréons notre vie.

Les personnes qui ont perdu leur lien avec leur partie divine errent sans but spirituel. En se rapprochant de leur corps, elles se calment et reprennent conscience de leur lumière intérieure.

Peu comprennent que la création commence par leur vision intérieure. Elles pensent être victimes des évènements, des jugements ou des actes d'autrui.

J'ignore comment je vivrai cette expérience. Mais je vois la beauté du changement, prêt pour cette aventure.

Je suis heureux de dire « oui » à ce que mon âme a prévu. Je lui fais totalement confiance.

Message pour le lecteur

Quand une situation te déplaît, fais une pause et demande de l'aide. Cela t'aidera à prendre du recul sur ce que tu vis. Accepte ce que tu ne peux pas contrôler et laisse la vie te montrer le chemin. Reste ouvert aux opportunités et dis « oui » à la vie.

L'esprit pensant n'aime pas le changement, car il souhaite que la vie se déroule conformément à ses visions.

En faisant des pauses, tu calmes ton esprit. En faisant le vide, tu restes à l'écoute des messages de ton âme. Proche de toi, elle t'accompagne, même si tu ne ressens pas sa présence. Fais des pauses pour ralentir ton rythme et te relier à elle.

Tes anges gardiens te guident dans les périodes sombres. Quand tu doutes du chemin, quand ta vie est en danger ou quand tu traverses une période tumultueuse, appelle-les.

Offre-toi des moments de calme, respire et appelle-les : « Anges gardiens, aidez-moi à ressentir votre présence maintenant. Aidez-moi à recevoir votre aide. » Attends et laisse-toi infuser par leur énergie.

Respire et observe tes sensations. Ressens-tu des picotements dans les mains, une chaleur dans la poitrine ou une détente dans la mâchoire ? Tu peux visualiser des lumières autour de toi. Enfin, remercie-les de leur présence.

9e MOIS

Mon expérience

J'avais hâte d'accoucher et de voir Matéo ! Je continuais à manger pour deux et j'ai pris 3 kg les deux dernières semaines. Mon ventre était trop lourd pour que je puisse marcher longtemps.

Je commençais à ne plus supporter ma grossesse ! J'allais aux toilettes très régulièrement, le bas de mon dos était douloureux, mes nuits étaient agitées, mes jambes étaient lourdes… Le moral était bon, mais le corps était bien douloureux.

Matéo avait encore la tête en haut, souvent sous ma cage thoracique, à droite. Je le sentais bouger quasiment toute la journée. Il me donnait des coups de pied dans la vessie ou coinçait sa tête sous mes côtes. Je testais les dernières techniques pour qu'il se retourne. Je devais être en paix avec mon accouchement, qu'il soit par voie basse ou par césarienne.

J'ai commencé à ressentir mes premières contractions. Je respirais profondément entre elles et pratiquais la technique de la vague. Je sentais l'énergie de la Terre parcourir mon corps de bas en haut à l'inspiration. Puis à l'expiration, la vague redescendait de la tête aux pieds.

J'ai profité des dernières semaines pour être avec mes amis et ma famille. J'ai accueilli pendant quelques jours Stéphanie, une amie d'enfance, et son compagnon.

J'ai également profité de la présence de ma maman et de son mari, Emmanuel, avant l'accouchement.

Comme je rêvais d'un carré potager, Emmanuel et Julien l'ont construit avant l'arrivée de Matéo. J'étais aux anges ☺ Je visualisais mes futures tomates, salades et herbes aromatiques... Le week-end avant l'accouchement, deux carrés potagers étaient finis.

Entourée de ma famille, j'avais l'impression de vivre dans un cocon d'amour.

Son évolution physique

Au neuvième mois de grossesse, le fœtus est presque prêt à naître. Il mesure généralement entre 45 et 50 cm et pèse environ 2,5 à 4 kg. Sa peau est lisse, rosée et moins recouverte de vernix caseosa qui commence à disparaître.

Pour le protéger temporairement contre certaines maladies (grippe, rhume, rubéole, coqueluche, etc.), la mère lui transfère son immunité des anticorps *via* son sang.

Tous les organes sont constitués, sauf les poumons qui termineront leur développement à la naissance et auront besoin de quelques heures pour trouver le rythme de la respiration.

Le fœtus passe par des phases de sommeil et d'éveil régulières.

Il n'a plus de place pour bouger. Ses membres sont repliés et près du corps. Son menton repose sur ses genoux.

La tête du bébé est souvent tournée vers le bas, en position pour l'accouchement, bien que, dans certains cas, il puisse encore être en position dite « du siège », c'est-à-dire la tête en haut.

Le fœtus est extrêmement réactif aux stimuli externes, en particulier aux voix familières et aux bruits qu'il reconnaîtra après la naissance.

À ce stade, il est prêt à naître à tout moment, et son corps est désormais formé pour la vie hors de l'utérus, ses connexions neuronales sont prêtes.

Notre dialogue

Sarah : Bonjour Matéo, comment vas-tu ? Je sens tes mouvements depuis ce matin et j'ai envie de dialoguer. Mon énergie change au cours de la journée et mes siestes sont de plus en plus fréquentes.

Mon animation d'ateliers à Lyon m'a demandé beaucoup d'énergie et je me suis beaucoup reposée à mon retour.

Je me projette dans l'accouchement et ton arrivée me réjouit.

Matéo : J'aime quand tu penses à moi et prépares mon arrivée. Te voir regarder mes futurs vêtements m'a rempli de joie et je me sens de plus en plus incarné. J'aimerais avoir plus d'espace dans ton ventre, je grossis et grandis rapidement depuis quelques semaines.

Je suis calme et détendu. Je prends mon temps et j'observe la vie à travers tes yeux et mes sens. Parfois le bruit me dérange et j'ai du mal à revenir en paix.
J'aime quand tu ris ; cela me secoue et m'apporte de l'énergie.
Je dors et me réveille en suivant tes cycles. Dès que tu te réveilles, je me réveille.

Je suis prêt pour ma date d'arrivée sur Terre, ma naissance. Mon corps et mon esprit ont encore besoin de temps, mais j'ai confiance. Ta manière de voir l'accouchement m'apaise. Ton calme m'aide à voir cette étape comme une célébration de la vie et une profonde connexion à ma lumière intérieure.

Pour l'instant, je suis bien au chaud et je préfère rester à l'intérieur. J'ai compris que je devais mettre la tête en bas, mais j'aime bien tourner. Je ne suis pas prêt à rester dans une seule position.

J'ai encore trois semaines avant d'arriver à la position de la tête en bas. Je prends mon temps.

J'aime aussi quand tu animes un groupe, ton énergie change et tu te relies à plus grand que toi. Tu perçois l'énergie du groupe et demandes de l'aide aux guides de lumière du groupe.

J'aime ta communication entre le visible et l'invisible, le partage à travers l'expérience ou des méditations guidées. Tu allies les deux, en toute simplicité.

Pendant ton week-end d'animation à Lyon, j'ai eu aussi du plaisir à dialoguer avec les guides spirituels et certaines personnes ont aimé se connecter à moi.

Plus tu te reposes, plus je suis en paix. Ton corps demande de plus en plus d'amour et de bienveillance.

Prends-en soin, même si tu culpabilises.

Repose-toi et surveille ton alimentation. Mange en petite quantité pour soulager ton estomac et dormir profondément.

Mes anges gardiens m'enseignent comment rester dans ma lumière, même sur Terre. J'espère continuer à les voir et à les entendre après ma naissance.
Parle-moi d'eux pour que mes perceptions extrasensorielles restent intactes.

Plus je me connecte à toi, plus je me sens en vie et aimé. Cette connexion est nouvelle, car, normalement, je n'ai pas besoin de reconnaissance quand je suis connecté à mon âme et à ma lumière intérieure. J'apprends à devenir humain.

Ce soir, tu assistes à un spectacle d'humour. Sens que ton corps demande de plus en plus d'attention, de douceur et de bienveillance. Il fait du mieux qu'il peut pour m'accueillir et rester en pleine santé. Assieds-toi quand tu es fatiguée.

S : Les prochaines semaines, nous passerons plus de moments ensemble.

◇◇◇◇◇◇◇◇◇◇◇◇◇◇◇◇◇◇◇◇

S : Tu as encore la tête en haut. Dans une semaine, l'obstétricien vérifiera ta position. Si tu n'es pas bien placé, j'irai à l'hôpital où je serai perfusée pendant que les médecins te manipuleront.

J'aimerais bien que tu descendes et te mettes en position. Comme il reste quelques semaines, tu décideras (ou nos âmes décideront) du juste moment de naître sur Terre.

Comment puis-je t'aider à changer de position ?

M : J'aime bien être là où je suis, en sécurité près de tes côtes où mon corps aime se blottir. Continue de me parler et de faire des exercices pour m'aider à changer de place.

S : Après la trente-sixième semaine, tu seras peut-être trop grand pour bouger. Je continuerai à te parler et à placer mes mains pour te montrer le chemin. J'aimerais que tu sois plus bas ; je pourrais respirer plus facilement et mon estomac ne serait pas autant comprimé.

M : Je suis d'accord, montre-moi le chemin et continue de me parler. J'adore quand papa et toi me parlez. Je me sens exister, reconnu et aimé. J'adore sa voix grave. J'aime sa présence, quand il met ses mains sur ton ventre. Je ressens sa chaleur et sa vibration. J'apprécie l'espace que tu crées pour m'accueillir et prendre soin de moi.

J'ai conscience d'avoir de la chance quand vous créez cet espace qui vous apportera du changement.

S : Nous resterons tes parents toute ta vie. Pendant les premiers mois, nos énergies continueront à être en fusion, jusqu'à ce que tu crées ta propre identité.
Julien et moi serons là pour te soutenir et éveiller ta propre lumière.

Un jour, je te laisserai partir avec amour, pour que tu avances vers ton destin. J'ai foi en la vie et en ce qui te guide.

L'accouchement est une aventure. J'ai eu quelques séances d'EMDR pour être le plus en paix possible en y pensant.

J'essaierai de me détendre le plus possible après chaque contraction, en faisant confiance à mon corps et en te visualisant le chemin.

M : Maman, je suis prêt à découvrir les merveilles de la Terre, à oublier une partie de qui je suis, à dépendre de vous, à faire confiance à la vie, à réapprendre à aimer qui je suis, à sourire et à pleurer simultanément, à me perdre pour mieux me retrouver et à faire confiance à ce qui me guide.

J'espère, tout comme toi, rester en contact avec mon âme, qu'elle soit une ressource essentielle dans ma vie.

Ta dernière méditation indiquait que chaque être était à la hauteur du destin que son âme avait choisi. Je suis prêt à venir poser un pied sur Terre.

Continue de me parler et de dialoguer avec moi à travers l'écriture.

◇◇◇◇◇◇◇◇◇◇◇◇◇◇◇◇◇◇◇◇

M : Je me sens de plus en plus à l'étroit dans ton ventre. Papa est de plus en plus présent et met sa main spontanément sur ton ventre pour me sentir.

J'aime que vous prépariez ma chambre et échangiez à propos de mon arrivée. J'aime votre recul et votre manière de voir le monde.

Je m'entraîne à respirer dans ton ventre, d'où mes nombreux hoquets ces derniers jours. Mon corps se prépare à sortir, encore quelques semaines pour être complet.

S : J'aimerais bien que tu te retournes et que tu mettes ta tête en bas, pour accoucher par voie basse. Si tu restes la tête en haut, je choisirai la césarienne. Je te montre le chemin en posant mes mains sur mon ventre, en réalisant le pont indien, en allant à des séances de réflexologie ou d'acupuncture. Nous avons encore 2,5 semaines pour que tu puisses changer de position.

J'accueille ce choix de rester la tête en haut, même si cela me préoccupe. As-tu envie de te retourner ? Que puis-je faire pour t'aider ?

M : J'essaie de me retourner, mais je reviens dans ma position initiale. Continue de pratiquer le pont indien et de me montrer le chemin. J'aime bien cette position où je me sens en sécurité.

S : L'important est que tu sois en bonne santé. Je fais confiance à nos âmes pour le déroulé de ta naissance.

Hier, lors d'un atelier, j'ai contacté mes anges gardiens. As-tu conscience que les tiens s'approchent à l'aube de ta naissance ?

M : Oui, j'aime leur présence et leur aide. Ils me préparent à mon arrivée sur Terre et me rassurent. Je baigne souvent dans leur lumière étincelante.

J'aimerais apprendre dans la fluidité même si j'accepte de vivre plusieurs expériences déplaisantes. Guidé, je serais plus serein pour avancer vers l'inconnu.

Continue d'être là pour moi, tout en acceptant mon autonomie. J'aime être indépendant, même si mon corps ne l'est pas. Cela m'aidera à être patient pour avancer.

Montre-moi la beauté de la vie sur Terre et que chaque jour peut être une célébration de la vie.

Je suis à la fois seul et entouré. Le monde invisible s'éloigne doucement. Je rencontre plus de difficultés à dialoguer avec mes êtres de lumière.

S : Que puis-je faire pour toi ?

M : Continue de me parler et présente-moi la Terre. Remontre-moi ma chambre et mes futurs vêtements. Partage-moi ce qui t'apporte de la joie sur Terre, en compagnie de tes proches ou avec la nature.

S : Je continuerai à te parler en partageant ce qui me procure du plaisir à vivre. Ces derniers jours, j'étais triste, car ma grand-mère paternelle, Dadou, vient de décéder. Je suis en paix avec son départ et en même temps je ressens quelquefois une profonde tristesse.

Je continue de célébrer la vie malgré son départ. Elle m'a beaucoup apporté depuis mon enfance. Elle m'a gardée depuis mes 3 mois et fut une personne importante dans ma vie. Je garde les bons souvenirs et je suis reconnaissante de sa présence passée.

Elle m'a aidée à avoir confiance en moi et à prendre le temps pour savourer la vie. J'aimais me promener au parc, jouer aux cartes et visiter Paris avec elle. Ancienne institutrice, elle aimait m'apprendre à lire, à écrire et à compter.

J'aimais sa douceur et son empathie. Être à ses côtés était un réel bonheur. Je suis chanceuse d'avoir pu passer ces années à ses côtés.

Matéo, la vie sur Terre est une aventure qui demande du courage pour laisser partir ceux que l'on a aimés.

Nous, tes parents, te soutiendrons sur ton chemin de vie. La prochaine étape est ton arrivée sur Terre, ta naissance.

Nous serons accompagnés dans ce passage, par le personnel hospitalier et nos anges gardiens.

M : Mon âme est prête à s'incarner. Mon esprit pensant a encore des appréhensions. Laisse-moi encore quelques jours pour m'y habituer et retrouver la confiance.

S : Fais confiance à ton âme et laisse-la te montrer le chemin. Nos corps connaissent le chemin.

M : J'aime prendre mon temps, ralentir mon rythme et profiter de ces derniers moments au chaud. J'aime glisser ma tête sous tes côtes, m'étirer et bouger mon corps. J'ai du plaisir à bouger mes doigts, mes pieds, ma tête...

Continue de me parler, j'aime ressentir la vibration de ta voix et celle de papa dans mon corps.

S : Je n'avais pas très envie de programmer une date pour ta naissance. J'aurais aimé que nos corps et nos âmes décident de ce moment. Comme tu as encore la tête en haut, une césarienne est programmée dans deux semaines, le jeudi 2 mai. Je l'accepte malgré mes réticences.

M : Oui, mon corps reste dans cette position. J'ai essayé de bouger et de faire une rotation, mais je n'y arrive pas. Je ne sais pas si c'est ma volonté ou celle de mon corps. Je ne maîtrise pas encore tout. Merci de ta patience. Peut-être que mon corps se retournera avant le 2 mai... Je n'ai pas l'information.

Maman, continue de ralentir ton rythme et de te reposer. J'aime vivre ce temps suspendu. Tu apprends, tout comme moi, à revenir dans le temps présent et à savourer la vie.

J'ai confiance en mon chemin et j'ai du plaisir à imaginer ces premiers instants de vie à vos côtés. La chaleur de ton ventre me manquera. Pourrais-tu me prendre souvent dans tes bras pour la ressentir ? J'aimerais sentir ton odeur et être rassuré par ta voix et des musiques que j'entends régulièrement.

Je ne verrai rien les premières semaines. J'aurai besoin de me sentir cocooné et réconforté.

Dans ton ventre, je suis proche de l'Unité. Avec mon esprit pensant et mon corps, je suis pleinement connecté au Grand-Tout.

Quand je demande aux anges gardiens leur présence, ils viennent immédiatement. Plus ma connexion avec toi se renforce, moins je suis relié à leur monde invisible.

J'ai encore des souvenirs de mes grands défis dans la vie et je les oublierai dès la naissance.

S : J'ai de la chance de pouvoir dialoguer avant ta naissance. J'espère que j'arriverais à te comprendre les premiers mois. C'est une aventure, car tu es notre premier enfant vivant. Nous ferons de notre mieux pour te soutenir, t'offrir un cadre sécurisant et joyeux.

M : Nous sommes trois à vivre cette aventure. Nous nous aiderons à évoluer ensemble.

◇◇◇◇◇◇◇◇◇◇◇◇◇◇◇◇◇◇◇

M : Depuis 1 heure du matin, j'essaie de me retourner sans succès. Mon espace se réduit et j'aimerais que tu accouches par voie basse. J'ignore si j'arriverais à tourner aujourd'hui. Je continue d'essayer et nous verrons bien le résultat.

S : As-tu des positions préférées pour être plus à l'aise pour tourner ?

M : Plus tu détends ton utérus et ton ventre par la respiration, plus c'est faisable. La chaleur de la douche m'a fait du bien. Tu peux ajouter ta couverture chauffante et te placer sur le ballon en faisant des ronds avec ton bassin.

Voilà comme tu le fais à présent. Testons et voyons si mon corps tourne jusqu'en bas.

◇◇◇◇◇◇◇◇◇◇◇◇◇◇◇◇◇◇◇

M : Je n'arrive pas à tourner ma tête en bas. Peux-tu l'accepter ?

S : Oui tout va bien. L'important est d'être en excellente santé. Le reste est secondaire.

Pendant ma grossesse, j'ai appris à lâcher mes désirs et à revenir dans l'instant présent. La vie est plus forte que les souhaits de mon esprit.
J'ai appris à dire « oui » à l'expérience et à ce qui touche à mon corps. L'accouchement est une manière de dire « oui » à la réalité de la vie, que ce soit par voie basse ou *via* une césarienne.

Je me réjouis de te voir et que nous prenions soin de toi. Nous t'accueillons avec joie dans notre cocon. C'est l'aventure !

◇◇◇◇◇◇◇◇◇◇◇◇◇◇◇◇◇◇◇◇

S : Je suis impatiente de te voir. Une césarienne est prévue dans dix jours, quelques jours avant le terme. Si le travail commence avant ou si tu te retournes, l'accouchement aura lieu à une autre date.

Chaque jour, le temps se suspend. J'ai un peu d'appréhension pour la césarienne. Je choisis de rester positive et de visualiser un merveilleux accouchement.

Es-tu prêt de ton côté à sortir et à découvrir le monde avec tes sens en éveil ?

M : Oui, je suis prêt même si j'ai un peu d'appréhension à me séparer.

S : Je t'enverrai mon énergie. Après ta sortie, l'équipe hospitalière te posera sur ma peau pour que mon odeur et ma voix te rassurent. S'il fait trop froid dans la salle, tu sortiras avec Julien et tu feras également du peau à peau avec lui. Tu entendras sa voix quand il te souhaitera la bienvenue.

Même si je m'éloigne physiquement à la fin de l'accouchement ou lors de tes premiers mois, nous resterons reliés. Tu pourras également te rappeler que tu restes connecté à la source et à l'Unité, ton âme et tes anges gardiens.

En revivant ma naissance en hypnose, j'ai ressenti cet amour maternel. Ma naissance s'est déroulée rapidement et j'ai été séparée d'elle pendant qu'on recousait son épisiotomie. À sa place, j'ai senti l'amour qu'elle me portait. Ensuite, je me suis reliée à mon père et j'ai ressenti toute sa présence.

Ainsi, même si je suis loin des personnes qui m'aiment et que j'aime, je ressens leur amour.

J'ai pu partir cinq mois en voyage en Océanie et en Asie. Quand je me sentais seule, je me reliais à cette énergie d'amour et je me sentais pleinement vivante et choyée.

Petite, je voyais et jouais avec des lumières autour de moi. En grandissant, j'ai oublié ce lien. Je l'ai retrouvé plus tard avec plus de conscience et de présence.

J'appellerai nos anges gardiens le jour de l'accouchement pour qu'ils nous accompagnent de leur lumière.

Matéo, je t'aime, j'aime Julien et notre aventure commune. Nous sommes ravis de t'accueillir dans notre maison.

Je te souhaite d'aimer la vie sur Terre et de la célébrer le plus possible.

J'aimerais continuer ce dialogue après ta naissance si tu es d'accord.

M : Oui, cela me ferait plaisir. J'ignore quel sera mon niveau de conscience. J'aimerais bien apprendre le langage des signes dans ma première année, pour communiquer ce qui se passe en moi. Cela m'aidera à me sentir autonome.

S : Avec plaisir. J'apprendrai quelques signes que nous pourrons partager. Je soutiendrai ton évolution, tout en prenant soin de mes besoins dont celui de célébrer la vie avec Julien.

M : Une nouvelle aventure commune commence. Je communique plus difficilement avec mes anges gardiens, comme si je m'éloignais d'eux.

As-tu un message d'eux pour moi ?

Matéo, voici leur message :
Nous serons présents lors de ta naissance, ta première grande étape. Fais confiance à ton corps ; il trouvera le chemin pour respirer, se réchauffer et digérer le lait maternel. Fais-lui confiance et appelle-nous dès que tu en ressens le besoin.

Ta maman nous appellera et tu baigneras dans notre lumière. Même quand tu es séparé d'elle, tu es relié à notre lumière.

M : Merci pour votre bienveillance et votre lumière. Votre présence me rassure. Vous allez sûrement me manquer.

Anges gardiens de Matéo :
Tu pourras continuer ce dialogue chaque jour. Tu dormiras beaucoup au début de ta vie terrestre. Tu nous retrouveras quand tu le souhaiteras. Tu apprendras, si tel est ton destin, à dialoguer les yeux ouverts.

◇◇◇◇◇◇◇◇◇◇◇◇◇◇◇◇◇◇◇

S : Bonjour Matéo. La date de l'accouchement approche. Hier, j'ai eu de nombreuses contractions qui se sont arrêtées au bout de quarante-cinq minutes.

Comme tu es la tête en haut, j'ai décidé d'accoucher par césarienne dans cinq jours. Je n'avais pas envie de programmer une date pour ta naissance... Mais je m'adapte et j'accepte la situation telle qu'elle se présente.

Comment te sens-tu ?

M : Les contractions me rappellent que la descente est proche. J'aime quand tu visualises l'accouchement dans la lumière. Cela m'aide à anticiper ma naissance.

Je me laisse aller au mystère des évènements de la vie et accepte le moment de ma naissance. Nos âmes ont décidé de la date et nous restons à leur service.

Je suis content de m'incarner dans votre famille et de découvrir la vie. Cette première expérience d'être dans ton ventre fut magique. J'ai appris à prendre du recul sur mes autres vies terrestres, à baigner dans la lumière, à apprendre avec des êtres célestes comment rester relié à sa lumière sur Terre.

Je suis heureux d'être un homme, comme papa.

Reste patiente et sois confiante que tu es (vous êtes) à la hauteur de mon arrivée. Continue de faire confiance à tes perceptions et d'oser demander de l'aide à tes proches.

J'ai hâte de sentir votre odeur, de manger et de respirer. Je suis de plus en plus enthousiaste. Je suis prêt à traverser ce passage de lumière, accompagné de mes guides et de mes anges.

Continue de te reposer. Tu retrouveras prochainement un corps plus léger et serein. Ta légèreté est une ressource importante. Prendre plus de 13 kg dans le corps fut une expérience enrichissante et difficile.

Tu vas pouvoir sauter, danser, marcher avec légèreté dans quelque temps. Sois patiente avec ton corps et continue de lui offrir de l'amour et de la bienveillance.

Maman, merci pour ce dialogue et ton amour. Je ferai de mon mieux pour célébrer la vie sur Terre et découvrir qui je suis.

Continuons le dialogue après ma naissance, car cela me soutiendra.

Message pour le lecteur

Laisse la vie te traverser en t'appuyant sur les sensations de ton corps. Prends soin de lui et accepte ses changements.

Chaque jour, demande-lui : « De quoi as-tu besoin maintenant ? » Respire et laisse venir une réponse. Ce peut être « mouvement », « eau » ou « repos ».

Fais-lui confiance et écoute ses messages.

Ton âme te contacte à travers les perceptions de ton corps. Car, sans lui, ton âme ne pourrait pas s'incarner. Remercie-le de te soutenir et prends soin de lui.

As-tu des comportements toxiques envers ton corps ? Fumes-tu, bois-tu régulièrement de l'alcool ou as-tu des pensées négatives récurrentes sur lui ?

Quand tu fumes, tu défies la mort, comme si une partie de toi pense être plus forte qu'elle.
Tu n'as pas besoin d'alcool, de cigarettes ni de sucre pour vivre. Observe tes comportements allant à l'encontre de la vie et change-les. Fais-toi aider et célèbre ta vie.

Tes pensées parasites et négatives t'empêchent aussi de célébrer la vie à 100 %. Si tu as des pensées négatives vis-à-vis de ton corps, tu n'honores pas ta vie. Tu te critiques et ces pensées influent sur ta santé.

Et paradoxalement, les personnes se souciant de leurs enfants ou de leurs parents vont à l'encontre de leur vie. Elles préfèrent concentrer leur attention sur le destin d'autres personnes et ne pensent pas à leur propre bien-être. Elles stressent inutilement sur des évènements extérieurs qu'elles ne peuvent pas changer. Et, la plupart du temps, elles ne proposent pas leur aide à ceux pour lesquels elles se font du souci.
Imagine ton chemin de vie devant toi se terminant par le jour de ta mort, qui peut être représentée sous la forme d'une femme bienveillante. Avance doucement, la tête baissée en signe d'humilité, jusqu'à être proche d'elle. Dis-lui : « Quand le moment sera venu, je serai prêt. D'ici là, regarde-moi avec bienveillance. » Elle te répond : « Je te remercie de ton respect et je te regarde avec bienveillance. »

Chaque jour, célèbre la vie en prenant soin de ton corps et en soignant tes pensées.

SES

premiers jours

DE VIE SUR TERRE

Mon expérience

Le jeudi 2 mai 2024, à 9 h 43, j'ai accouché à l'hôpital par césarienne programmée.

Mon taux de fer étant bas, une transfusion était prévue après l'accouchement.

À 6 h 30, Julien et moi sommes partis à l'hôpital ! Dans la voiture, Matéo commençait à se retourner. Son corps était allongé avec sa tête positionnée à gauche. Je rigolais avec Julien en me disant que le suspense allait durer jusqu'au dernier moment !

Après quelques tests et une heure d'attente, nous sommes allés au bloc opératoire. Avant d'envoyer mes demandes à l'Univers, je lui répétais mon intention : « Univers infini, mon accouchement se vit merveilleusement bien, pour moi et mon bébé. J'accouche rapidement et facilement. Mon séjour à l'hôpital se passe merveilleusement bien, dans le calme. L'équipe médicale qui s'occupe de moi est compétente, souriante, bienveillante et chaleureuse. Je suis entourée et soutenue par Julien. Mon corps est en excellente santé et au sommet de sa vitalité. »

Le personnel hospitalier du bloc opératoire fut chaleureux et professionnel. Chaque personne m'a précisé son rôle pendant l'opération. Je respirais profondément pour rester centrée. J'étais impressionnée par la dizaine de personnes en blouse blanche : chirurgien, anesthésiste, sage-femme, pédiatre, infirmier... Avant l'opération, je les ai remerciés de leur présence. Grâce à eux, j'allais enfin rencontrer Matéo en chair et en os.

Julien m'a rejointe après l'anesthésie. Il me serrait la main et me disait des mots doux. La lumière du champ opératoire était douce et j'entendais ma sélection de chansons.

La tête du bébé étant plus grande que prévu, il a mis plus de temps à sortir. Quand on appuyait fortement sur mon ventre, je respirais et me concentrais sur la musique. Puis, quand le drap s'est baissé, j'ai aperçu Matéo.

J'étais heureuse et des larmes de bonheur coulaient spontanément. Je respirais profondément pour ne pas être submergée. La chirurgienne a aidé Julien à couper le cordon ombilical et Matéo fut posé sur ma poitrine qu'il a tout de suite cherchée. La sage-femme m'a aidée à le placer pour sa première tétée.

Nous lui disions des mots doux, que je l'aimais profondément, que nous étions ravis de sa présence et qu'il était le bienvenu sur Terre. Matéo n'arrêtait pas de bouger, glissait sur ma poitrine, et la sage-femme le replaçait souvent. Ce bébé bien portant était déjà bien potelé.
Il est resté plus d'une demi-heure en peau à peau.

Comme je fatiguais et m'évanouissais, j'ai demandé à la sage-femme si elle pouvait le prendre avec Julien. Ayant perdu plus de sang que prévu, j'étais anémiée. Je les ai retrouvés en salle de réveil une demi-heure plus tard.

Je suis restée deux heures en salle de repos, le temps de vérifier mes constantes physiques et de retrouver des sensations dans les jambes. Comme la douleur se réveillait, j'ai reçu de la morphine.

Julien, Matéo et la sage-femme m'ont rejointe. Matéo pesait 4,118 kg et mesurait 50 cm.

Julien put rester la première nuit dans ma chambre double grâce à des places vacantes dans le service de maternité. Ne pouvant pas me lever, j'étais soulagée de pouvoir compter sur son aide.

Ma mère et mon beau-père nous ont rejoints l'après-midi pour célébrer l'évènement et rencontrer Matéo. Ma mère a pleuré de joie quand elle l'a pris dans ses bras.

Les premiers jours furent douloureux et je n'ai pu me lever qu'au quatrième. J'étais anémiée et tournais de l'œil dès que j'essayais de m'asseoir. Heureusement, Julien a pu finalement rester quatre nuits dans la chambre et m'aider à prendre soin de Matéo.

La deuxième nuit, ma poitrine a produit du lait maternel. Mes seins étaient gorgés, durs comme du béton et douloureux, car Matéo tétait de jour comme de nuit !

Les sages-femmes allégeaient la douleur avec du froid et des antidouleurs.

Ces premiers jours ont été difficiles physiquement et moralement. Mon corps était très douloureux et j'ai demandé plusieurs fois de la morphine.
Dans mon imaginaire, j'allais me remettre plus facilement de l'opération et marcher dès le lendemain. Il fallait que je sois patiente et accepte mon corps tel qu'il était.

Regarder Matéo était un pur bonheur. Me sentir soutenue par Julien était un vrai soulagement.

J'ai eu beaucoup de plaisir à sentir la présence et l'amour de ma mère à mes côtés lors de ses deux visites.

Son évolution physique

Le vécu de l'accouchement est une transition majeure pour un bébé. Pendant le travail, le fœtus est compressé dans le canal de naissance. Cette pression aide à expulser le liquide amniotique de ses poumons, une étape essentielle pour sa respiration.

Stanislas Grof décrit cette étape comme une lutte mort-renaissance, après la fusion et l'enfer avant le passage. Quelquefois, une croyance se crée à cette occasion, telle que « je dois mourir pour vivre », amplifiée s'il y a eu un cordon autour du cou.

Au fur et à mesure de la descente dans le canal de naissance, il adopte différentes positions qui sont inconfortables à cause de la pression exercée sur sa tête et son corps. La flexibilité des os de son crâne permet sa déformation pour faciliter le passage dans le bassin. Elle est cruciale pour protéger son cerveau dans cet espace restreint.

Lors d'un accouchement par césarienne, l'expérience du bébé diffère considérablement de celle d'un accouchement vaginal. Pendant la césarienne, le bébé est généralement exposé à une atmosphère plus calme, car l'opération se déroule dans un environnement contrôlé et stérile. Lorsque l'incision est pratiquée, le bébé est délicatement extrait de l'utérus par le médecin, ce qui peut entraîner une transition rapide vers l'environnement extérieur.

Dans ce cas, une croyance telle que « je dois me faire aider pour y arriver » ou « j'attends qu'on m'aide pour me sortir de là » peut se former. La thérapie de l'étreinte de Jirina Prekop, où la naissance est revécue physiquement et différemment, en appuyant sur ses pieds, peut aider à changer cette croyance, cette métaphore de changement. Elle peut aussi aider à cicatriser un évènement douloureux quand le contact avec la mère a été interrompu.

Le bébé ressent alors un brusque changement de température, passant d'un environnement chaud et humide à un environnement frais et sec. Il est alors exposé à des stimuli lumineux et sonores qui peuvent le surprendre et le stimuler. Ses premières respirations sont un moment crucial : il doit s'adapter et respirer de l'air pour la première fois.

Les premières minutes sont cruciales pour renforcer sa bienvenue sur Terre. Le bébé est souvent placé sur la poitrine de sa mère, pour favoriser le lien affectif et le réchauffement.

Les jours suivants, le bébé dort beaucoup, alternant phases de sommeil léger et profond. Sa vision est floue et il perçoit le monde en noir et blanc. Les objets et les mouvements sont troubles.

Son alimentation est cruciale. Les bébés s'adaptent au lait infantile ou à l'allaitement, prenant du colostrum, le premier lait maternel, riche en anticorps et en nutriments.

Les médecins vérifient le poids, la jaunisse éventuelle et le développement général du bébé.

Notre dialogue

DEUX JOURS APRÈS SA NAISSANCE

Sarah : Bonjour Matéo ! Je suis heureuse de te voir et de passer du temps avec toi pendant les premiers jours de ta vie. Comment te sens-tu ?

Matéo : Déboussolé, tout est nouveau. Je suis perdu et je me sens un peu seul, déconnecté du Grand-Tout et séparé de la source. Comment sentir cette connexion, en dehors de tes bras ou pendant la tétée ?

S : **Je t'écris la réponse de ton âme, Matéo :**
Je suis toujours là même quand tu n'en as pas conscience. Sens la présence de tes anges. Les petites lumières qui scintillent autour de toi sont tes anges gardiens. Tu peux dialoguer avec eux ou ressentir ceux de Sarah.

Tu as d'abord appris à respirer, puis à digérer, à pleurer, à te faire entendre... naturellement. Laisse-toi aller, tes parents sont à ton écoute et apprennent en même temps que toi cette vie commune.

Le soir, tu peux avoir des crises de pleurs de relâchement.

J'en profite pour recevoir un message de mon âme :
Toi aussi tu apprends à être mère. Sois patiente. Tu peux prendre soin de toi et ajuster les moments d'allaitement pour laisser tes seins se cicatriser.

◇◇◇◇◇◇◇◇◇◇◇◇◇◇◇◇◇◇◇

QUATRIÈME JOUR

S : Cet accouchement par césarienne fut une épreuve ! Étant anémiée, j'étais épuisée. J'ai été perfusée pour remonter le taux de mes globules rouges et reprendre de l'énergie.

J'apprends à prendre soin de moi et à me reposer quand Matéo dort, à demander de l'aide au personnel soignant et à Julien.
J'apprends à accepter mon corps et à gérer la douleur.

En une seule journée, j'ai vécu un nombre incalculable de hauts et de bas. Heureusement, nous sommes en bonne santé, malgré mon opération.

Le personnel soignant est compétent et bienveillant. Je suis remplie de gratitude pour leur aide et leurs conseils dans les moments où j'en avais le plus besoin.

J'aimerais guérir rapidement et, en même temps, je suis émerveillée par la capacité de mon corps de se régénérer après cette opération.

J'allaite même si je souffre. Je respire et chantonne pour me concentrer et oublier la douleur.

Mon utérus se contracte pour reprendre sa taille initiale. Ses manifestations nocturnes sont parfois longues et douloureuses. Je continue de respirer et de me détendre au maximum, aidée par les antidouleurs et la morphine.

Je vis ces journées comme un passage où le mouvement de la vie m'emporte, en prenant soin de moi.

Je suis bien entourée par Julien, contente de partager cette aventure à deux, à mes côtés à l'hôpital. Quand il regarde Matéo et prend soin de lui, je continue à être amoureuse.

Leur connexion est magnifique. Il en a pris conscience et me l'a avoué hier.

Nous rentrons à la maison cet après-midi et je me réjouis de continuer à vivre dans notre cocon à trois.

Comment te sens-tu Matéo ? J'ai l'impression que tout t'est nouveau et que ton corps apprend à digérer ce nouveau lait maternel depuis trente-six heures.

M : Mon arrivée sur Terre me demande de la patience. Je vis l'instant présent et j'oublie le précédent.

Je profite de votre présence pour me sentir en sécurité à vos côtés. Je suis réconforté et aimé. Je commence à voir des formes et des contrastes de couleurs plus intensément.

Quand j'ouvre les yeux, je découvre un peu plus le monde et j'aime être éveillé.

La digestion fait partie du processus et je l'accepte. J'essaie de me détendre et de bouger mon corps.

SON premier MOIS

Mon expérience

J'avais conscience que les premiers mois seraient difficiles à vivre, mais je n'avais pas anticipé autant de douleurs.

J'étais très fatiguée. La césarienne étant une chirurgie importante, mon corps avait eu besoin de temps pour guérir. Après la transfusion du fer, mon corps a commencé à produire de nouveaux globules rouges.

Mes muscles abdominaux étant affaiblis, je devais limiter mes efforts. Couchée sur le lit, je roulais sur le côté et m'aidais de mes bras pour me lever. Les premières semaines, je ne marchais que quelques mètres.

J'avais également des « tranchées ». L'utérus se contractait pour revenir à sa taille normale. Les douleurs ressemblaient à celles de règles intenses, des minicontractions.

L'incision sur mon abdomen était encore douloureuse. Je la massais matin et soir pour l'aider à cicatriser.

J'ai eu également une mastite, une inflammation au sein droit. Il était devenu rouge, chaud et très sensible au toucher. J'avais aussi ressenti une grosse fatigue et de la fièvre pendant plus de trois jours. C'était dû à un canal lactifère bloqué. En plus des compresses chaudes et des massages, j'ai pris des antibiotiques pour traiter l'infection. Heureusement, grâce à tous ces soins, la douleur a fini par disparaître.

Et mes nuits étaient fort courtes ! Matéo buvait toutes les deux heures, de jour comme de nuit.

Heureusement que Julien était là. Il fut un compagnon hors pair. Il ne pouvait pas m'aider pour les douleurs, mais il s'occupait de Matéo entre chaque tétée. Il le câlinait et lui changeait les couches (je n'ai changé aucune couche le premier mois ☺). Il faisait les courses, nous préparait à manger et rangeait la maison.

Étant indépendant, il travaillait la plupart du temps à la maison et me soutenait pendant ses pauses.

Normalement, un nourrisson dort entre seize et vingt heures par jour, mais Matéo dormait à peine pendant la journée et ses crises de pleurs du soir étaient intenses. Nous le portions chacun notre tour et étions ravis de l'aide d'amis et de notre famille pendant cette période.

J'ai demandé à mon père de faire une constellation familiale pour les pleurs de Matéo en journée. Matéo n'arrivait pas à se calmer et pleurait sans cesse depuis deux jours.

Une constellation familiale est une thérapie de groupe qui dénoue les dynamiques familiales et permet à chacun de trouver sa place, se libérant de ce qui ne lui appartient pas. Matéo pleurait le manque de ses frères et sœurs morts avant lui.

Nous avons eu deux fausses couches avant Matéo et Julien a eu un avortement avec une partenaire précédente avant notre relation. Matéo n'arrivait pas à être en paix avec le destin du premier enfant avorté. Julien devait lui répéter qu'il prenait soin de son premier enfant et qu'il était content de voir Matéo en vie. En une journée, Matéo s'est calmé.

Nos amis et nos familles nous ont bien soutenus, allégeant nos bras pour bercer Matéo, nous préparant des plats délicieux et nous permettant de faire des siestes en pleine journée.

J'avais également demandé à mon amie Malou qu'elle soit présente les lundis, quand Julien était absent de la maison. Elle fut d'un grand soutien.

J'ai appris à demander de l'aide et à prendre soin de moi, même pour des détails. Par exemple, je changeais légèrement ma position d'allaitement pour être le plus confortable possible ou je demandais à Julien de se lever pour me donner le sel. Ces mini-actions m'ont aidée à prendre soin de moi pendant ces journées intenses.

Son évolution physique

Le bébé perd du poids durant les premiers jours, avant d'en reprendre grâce à l'allaitement ou au lait infantile. Son corps s'arrondit et gagne en tonus musculaire, bien que ses mouvements restent réflexes et involontaires.

Pendant les premières semaines, il fait de petits mouvements qu'il ne maîtrise pas.

Les médecins testent quelques réflexes du nouveau-né, comme le réflexe de succion, de préhension, de Moro et de marche automatique, essentiels pour son développement.

Le réflexe de préhension est celui du nouveau-né qui referme solidement la main sur un objet ou un doigt dans la paume. Le réflexe de Moro explique qu'il sursaute quand il entend des bruits plus forts ou quand on le déplace rapidement. Le réflexe de succion est bien développé. Il lui permet de s'alimenter ou de se calmer en portant son poing à la bouche.

Le réflexe de marche automatique se manifeste lorsqu'on soutient le nouveau-né sous les bras et en position verticale ; le médecin le porte et il fait alors quelques pas sur la table d'examen.

Ses yeux, souvent gonflés, s'ouvrent progressivement. Il commence à fixer du regard les objets proches, même si sa vision est encore floue. Il préfère les visages humains et cherche le visage des parents.

Ses organes, les poumons et les intestins, s'adaptent à leur nouvelle fonction. Sa peau devient plus résistante aux changements de température.

Notre dialogue

10 JUIN

Matéo : J'aime ta chaleur et dormir sur toi. Je suis apaisé et en sécurité.

J'aimerais le faire seul, mais je n'y arrive pas. J'ai besoin de contact avec vous.

Pouvez-vous alléger mes repas et les espacer d'au moins deux heures ? J'avais besoin de succion et c'est pour cela que je réclamais plus. Ma digestion reste difficile.

Sarah : **Je t'écris le message de ton âme, Matéo :**
Sois patient et fais confiance à ce qui te guide. Fais confiance à tes parents qui prennent soin de toi. Détends-toi et savoure tes apprentissages quotidiens. La séparation est une illusion. Sois patient et célèbre le fait d'être en vie.

Avec Julien, nous apprenons à prendre soin de toi et de nous.

Te nourrir, te changer, apaiser tes crampes digestives, calmer tes pleurs, interagir quand tu es éveillé restent un défi quotidien, tout comme nous offrir du temps pour dormir et nous reposer, malgré nos nuits entrecoupées.

12 JUIN

M : Je m'habitue à ma nouvelle vie et je trouve un rythme dans les tétées. J'aime être avec vous et faire votre connaissance.

J'aime quand tu m'expliques ce qui va se passer dans la journée. J'aime être considéré comme un être à part entière, avec qui l'on partage ses pensées et ses expériences.

J'ai aimé échanger avec ton amie Malou qui pratique et enseigne la communication avec les animaux.

J'aime sa manière de se connecter à moi en conscience.

15 JUIN

M : Je me sens de plus en plus chez moi sur Terre avec vous. Même si mon ventre qui se tortille m'épuise.

J'aime dormir dans votre chambre, en sécurité à vos côtés, pour le moment.

J'aime rêver et observer le monde. J'ai encore des échanges avec le monde invisible et les êtres lumineux qui me rendent visite dont j'aime ressentir la présence.

23 JUIN

M : Quand je dors, je suis paisible la plupart du temps. Quand je perds patience et n'arrive pas à m'endormir, je crie et m'énerve tout seul. Comment rester en paix ?

S : **Matéo, voici le message de ton âme :**
Tu apprends à vivre ta réalité du moment. Tu apprends la patience et à rester calme, avec ou sans crampes digestives.

M : Je pensais avoir passé ces étapes dans mes vies antérieures (ou plutôt parallèles). Pourquoi réapprendre ce que je connais déjà ?

Voici la réponse de ton âme :
Tu apprends et te découvres sous une nouvelle forme. Tu peux dialoguer avec moi quand tu le souhaites, dans cette version ou d'autres versions vivant dans des vies parallèles.

Prends le temps de découvrir qui tu es en laissant le passé derrière toi. Que tu sois réveillé ou endormi, tu vis sur Terre. Tu n'as rien à prouver ou à démontrer, juste à apprendre et à choisir qui tu as envie d'être.

Sois bienveillant avec toi-même et savoure ces premiers moments de vie.

26 JUIN

Matéo, je t'écris le message de ton âme :
Accepte la lenteur de la création. Tu apprends à rester humble et petit dans ta famille, à être sans rien faire. Tu es le quatrième enfant du côté de ton père et le troisième du côté de ta mère. Tu es le premier enfant vivant. Tu peux dormir tranquille et profiter de la vie, en faisant confiance à tes parents qui prennent soin de toi.

M : J'aime quand tu me partages ta vie, quand tu me considères comme un esprit adulte et un bébé découvrant le monde. J'aime échanger avec ton amie Malou qui communique télépathiquement.

28 JUIN

S : J'ai décidé d'arrêter l'allaitement pendant les deux prochaines semaines. J'ai encore mal à la poitrine et j'aimerais vivre plus sereinement cette période. Y penser me procure de la légèreté et de la joie.

Es-tu d'accord pour arrêter progressivement les tétées et passer au lait en poudre ?

M : Si tu le fais doucement, j'aurai le temps de m'habituer à digérer un autre lait. Je suis ici pour apprendre et m'adapter à la vie sur Terre. Mon corps est assez résistant pour accueillir du lait en poudre. Sois bienveillante avec toi-même. J'aime quand tu prends soin de toi et je te remercie de me le demander.

La séance chez le chiropracteur m'a détendu et apaisé.

J'apprécie de plus en plus la vie sur Terre. Je gazouille, souris et perçois les contours des visages.

Prends du temps pour toi. Demande de l'aide à papa et célébrez encore plus votre relation. J'aime être en sécurité à vos côtés.

Ces derniers jours ont été difficiles pour moi. Je me sentais irrité par tout ! Je n'arrivais pas à me détendre. Je me sentais en sécurité uniquement quand j'étais collé à vous. Me sentir comme le quatrième enfant et non le premier m'a soulagé. Je prenais une place qui ne m'appartenait pas : celle de l'aîné avorté du côté de papa. Cette place me rendait nerveux, angoissé et irrité.

Le fait d'avoir fait une constellation familiale et que papa s'imagine prendre soin de son premier enfant avorté m'a soulagé.

Je suis content d'être en vie et je me sens plus allégé.

Maman, j'aime ta légèreté de vivre, continue de la cultiver pour que je puisse en profiter également.

Message pour le lecteur

Le rang dans la famille est important pour toutes les personnes. Si tu as perdu des frères ou des sœurs (des fausses couches, des avortements ou des fécondations in vitro *non réussies de tes parents), tu peux chercher ta place dans le monde, être en quête d'une âme sœur, manger pour deux ou pour trois...*

En reconnaissant ton rang dans la fratrie, tu reprends ta place, celle d'un être vivant sur Terre et non celle d'un mort.

Si tu as perdu des enfants (fausse couche, avortement ou FIV), d'autres dynamiques familiales s'appliquent. Tu peux confondre les enfants vivants et les morts et te faire du souci inutilement pour les vivants.

Célèbre la vie transmise par tes parents.
Peu importe l'héritage qu'ils t'ont transmis, grâce à eux tu es en vie.

Je t'invite à dire à haute voix cette prière de Bert Hellinger, qui a développé les constellations familiales en s'appuyant sur le ressenti des représentants.

« Maman, je prends tout de toi, complètement avec tout ce que cela implique.
Je le prends au prix que cela t'a coûté et que cela me coûte.
Je prends ton don et je l'honore.
Et si je peux, je le transmettrai.
Tu donnes, je prends.
Tu es la grande et je suis le petit.
Je suis content que tu aies choisi papa, vous êtes les parents qu'il me fallait, vous seuls et rien que vous et je suis l'enfant qui vous convient. »
« Papa, je prends tout de toi, avec tout ce que cela implique.
Je le prends au prix que cela t'a coûté et que cela me coûte.
Je prends ton don et je l'honore.
Et si je peux, je le transmettrai.
Tu donnes, je prends.
Tu es le grand et je suis le petit.
Je suis content que tu aies choisi maman, vous êtes les parents qu'il me fallait, vous seuls et rien que vous et je suis l'enfant qui vous convient. »

Vous pouvez imaginer vos deux parents biologiques derrière vous, votre père derrière vous à droite et votre mère derrière vous à gauche. Puis dites : « Merci de m'avoir transmis la vie, le reste j'en fais mon affaire. »

AU COURS DE SON

deuxième

MOIS

Mon expérience

Ce deuxième mois fut douloureux physiquement.

J'avais du mal à me lever du lit ou d'une chaise. Je n'avais plus d'abdominaux et devais me rouler sur le côté pour tomber du lit ou devais demander à une personne de m'aider à me soulever.

J'ai continué à prendre des antidouleurs pour apaiser les tranchées, des contractions de l'utérus qui l'aident à récupérer sa taille normale.

L'allaitement était également très douloureux. Mes seins continuaient d'être gorgés de lait. Je devais respirer profondément à chaque tétée tellement la pression était forte. Je redoutais chaque tétée. J'essayais de vider le lait pour alléger la douleur et m'ajoutais des compresses glacées.

À la suite d'une autre séance individuelle d'EMDR, j'ai compris l'importance de nourrir mon besoin de légèreté.

Bizarrement, je culpabilisais de vouloir arrêter l'allaitement. Mes parents et une amie m'ont rassurée sur ma prise de décision. J'ai décidé de commencer à introduire un premier biberon de lait infantile par jour pour diminuer les tétées et recevoir l'aide de Julien la nuit.

J'ai malheureusement eu une deuxième mastite, une infection mammaire. J'ai eu de la fièvre et des douleurs intenses pendant quelques jours. Ma mère, de visite en Suisse, était très peinée de me voir dans un état aussi douloureux.

Dix jours après, la situation est devenue plus supportable. J'ai eu du plaisir à allaiter et j'ai continué à allaiter 4 fois par jour, en complétant avec du lait infantile 2 à 3 fois par jour.

Cet allaitement mixte nous convenait parfaitement. J'ai arrêté l'allaitement à ses 4 mois environ, quand il a été confié à l'assistante maternelle.

J'étais accompagnée par une sage-femme qui venait régulièrement. Elle nous soutenait moralement, nous aidait pour les premiers soins, vérifiait ma cicatrice et la bonne santé de Matéo.

Les pleurs de décharge du soir de Matéo continuaient et nous fatiguaient.

Nous réagissions différemment, Julien et moi. Lui s'énervait et moi je pleurais. Mon père est venu nous voir pendant une semaine et cela a facilité notre communication.

Fatigués, nous avions besoin de renforcer notre communication pour harmoniser le plus possible notre relation. Nous avions conscience de former une équipe, mais avec le stress, la douleur physique, le manque de sommeil et les cris de Matéo... nous vivions des moments de forte tension.

Julien avait besoin de se libérer l'esprit et de voir des amis en soirée. J'étais un peu frustrée de devoir m'occuper seule de Matéo certains soirs. J'aurais aimé passer plus de temps seule avec Julien.

Nous avions convenu d'un nombre de soirées par semaine chacun de notre côté pour que le partage des tâches reste équilibré. Avec l'aide de nos hôtes, nous avons pu libérer du temps pour être à deux lors d'un repas ou d'une promenade.

Nous nous demandions régulièrement « à quel niveau de fatigue es-tu ? » pour mesurer notre niveau d'énergie et de stress. Quand je pensais que les cris de Matéo le perturbaient trop, je lui demandais : « À quel niveau de colère tu es ? » Dès qu'il avait atteint la note de 5 sur 10, je prenais le relais.

Je le remerciais de me soutenir autant pendant cette période. Il était présent et essayait de me soulager au mieux. Il se sentait parfois impuissant face à mes douleurs.

On essayait de se relayer au maximum pour que l'un puisse se reposer pendant que l'autre s'occupait de Matéo.

Nous avons eu la visite de ma mère, de mon père et de quatre amies proches. Chacun nous aidait à alléger les tâches quotidiennes, nous préparait les repas ou nous aidait à bercer Matéo pour qu'il s'endorme.
Ils furent une ressource inestimable pendant cette période. Nous aimions avoir du monde chez nous et j'appréciais leur compagnie pendant la journée, pendant que Julien travaillait.

Les collègues de Julien lui ont même proposé de garder Matéo pendant une demi-journée puis une journée le mois suivant.

J'appréhendais la nuit tombée. Je dormais le plus possible dans la journée pour rester disponible la nuit et me réveiller trois à quatre fois. Il dormait entre deux et quatre heures d'affilée la nuit.

J'ai appris à prendre soin de moi, à demander de l'aide et à cultiver ma légèreté. Nous avons également appris à renforcer notre lien et à améliorer notre communication de couple.

Hormis les pleurs du soir, Matéo était adorable. Il souriait et aimait être dans les bras de nos invités. Il s'amusait pendant une demi-heure sur son tapis d'éveil ou sur son transat. Nous avions du plaisir à être à ses côtés.

J'ai peu écrit pendant ce deuxième mois. Car dès que j'avais du temps libre j'en profitais pour dormir ☺

Son évolution physique

Au cours de son deuxième mois, le bébé évolue rapidement. Il mesure de 50 à 60 cm et pèse entre 4 et 6 kg.

Son visage s'arrondit, ses joues s'épaississent grâce à l'accumulation de graisse. La peau devient plus lisse et moins rougeâtre, et le lanugo qui recouvrait son corps disparaît progressivement.

Il développe ses capacités motrices, bien que ses mouvements soient encore principalement réflexes. Il peut lever la tête et la tenir droite pendant quelques instants lorsqu'il est placé sur le ventre.

Il dirige plus la tête en fonction de ce qu'il voit. Il préfère les couleurs contrastantes et les visages humains. Il agite les bras et les jambes, et « pédale » lorsqu'il est excité.

Il a tendance à frapper ou à accrocher les objets, mais il ne les agrippe pas encore.

Le premier sourire apparaît plus souvent au cours du deuxième mois quand il est intéressé par un visage humain, il répond à un sourire par un sourire.

Les sons varient, et il émet des gazouillis, reflétant son développement vocal. Le lien avec ses parents se renforce à travers ces échanges de sourires et de voix.

Notre dialogue

Matéo : Je suis heureux de vivre à vos côtés et de rencontrer votre famille. J'ai eu beaucoup de plaisir à partager ces jours avec ta maman. J'aime comment elle me regarde, me parle et me câline. J'aime sa douceur, sa tendresse et son énergie.

Le premier jour de son arrivée fut chargé ; je n'arrivais pas à m'endormir et j'ai craqué en fin de journée. J'ai besoin de lâcher ma frustration en pleurant. J'aimerais rester éveillé et comme, en même temps, mon corps est fatigué, je cède et pleure. Être serré contre vous m'apaise, même si cela prend une dizaine de minutes.
J'aime entendre vos voix et la musique de l'eau qui coule.

Je digère doucement le lait en poudre. Continuez d'ajouter progressivement les biberons de lait en poudre et mon corps s'adaptera.

J'aime quand tu m'allaites, car je suis en communion avec toi. J'aime m'endormir sur toi et sentir ton odeur. J'espère que je continuerai de profiter de ces moments de connexion même si tu ne m'allaites plus.

Je commence à avoir du plaisir à vivre sur Terre, mon corps est paisible après avoir mangé, et je vois plus clairement les visages.

Tout me paraît nouveau et j'ai soif de connaissances. J'aime découvrir et explorer mon environnement. Cela me fatigue quand je suis face à l'inconnu, comme un rendez-vous chez un médecin ou une promenade à l'extérieur.

Continuez de dialoguer avec moi, j'adore !

Sarah : J'ai du plaisir à passer du temps avec toi et à te cocooner. Nous sommes heureux d'avoir de l'aide de la famille ou des amis. Les nuits sont courtes et je fatigue vite.

Nous avons hâte que tu dormes plus longtemps.

M : Continuez de me montrer la différence entre la nuit et le jour. Mon corps s'adaptera et j'allongerai mes temps de pause ou de repos. Merci de votre patience et de votre compréhension.

Parfois j'aimerais découvrir le monde et je n'accepte pas de m'endormir. Je veux rester éveillé pour être à vos côtés. Rassurez-moi dans ces moments.

Papa, j'aime quand, comme ce matin, tu joues en me parlant et en me massant doucement. Quand tu regardes ton écran, tu m'éloignes de tes pensées. Je préfère quand tu restes présent avec moi.

J'adore les moments où nous sommes tous les trois ensemble. Connecté au Grand-Tout, je suis rempli d'amour et comblé.

Continuez de prendre soin de vous quand vous êtes à mes côtés. Cela me montre comment prendre soin de soi et cultiver la légèreté.

Offrez-vous des temps communs pour cultiver votre relation de couple.

17 JUIN

M : J'ai de plus en plus de plaisir à être dans mon corps. Je digère mieux et fais la différence entre le jour et la nuit. J'aime me promener à la lumière du jour et entendre le chant des oiseaux, le son du vent dans les feuilles ou l'écoulement de la pluie.

J'aime plonger mon regard dans le tien. Dans un endroit inconnu, tu es mon point de repère. J'aime ta voix qui me rassure. Je me sens en sécurité auprès de vous.

J'ai eu de nombreux examens médicaux la semaine dernière et ta présence à mes côtés m'a rassuré.

Je suis prêt à dormir seul dans ma chambre. Merci de m'avoir laissé dormir à vos côtés ces six premières semaines. J'avais envie de ressentir votre présence. La nuit, vous entendre proche de moi me rassurait.

J'ai conscience que tes nuits sont plus courtes quand je m'agite. Je ressens l'énergie de chaque pièce, et j'aime ma chambre même si j'ai du mal à voir distinctement.

Répands un peu plus ton odeur dans mon lit. Installez mon *baby cocoon* dans mon nouveau lit et rassurez-moi avant de me laisser dormir.

Continuez de m'aider à me détendre et de me bercer dans vos bras quand je suis épuisé et quand je n'arrive pas à me calmer seul. Je vous remercie de m'aider à m'apaiser, en me chantant une chanson douce, en me parlant, en me serrant la main ou en me berçant.

Vous pouvez me déposer dans mon lit quand je suis à moitié endormi. Je suis d'accord pour que vous me laissiez m'endormir seul, même si je pleure quelques minutes. Si mes cris persistent, aidez-moi à me rassurer pour trouver le chemin du sommeil.

Lorsque je fatigue, je suis rapidement frustré et n'arrive pas à gérer cette charge intérieure. Je dois trouver le chemin de la détente et du relâchement total. En attendant, je vous remercie pour votre patience.

Aujourd'hui, je passe la journée au travail de papa avec ses collègues. J'aime son énergie masculine. Je me sens plus connecté à ma virilité quand je suis proche de lui.

J'aime le regarder et j'espère qu'il a conscience que je suis en connexion profonde avec lui. Mon amour est infini. Je suis content de rencontrer prochainement mes deux grands-pères.

J'aime sentir l'énergie de ceux que vous aimez.

Maman, sois rassurée, je ne suis pas une éponge émotionnelle comme toi. Je sais différencier mon énergie de celle des autres. Je suis un esprit libre qui choisit quelle énergie laisser entrer dans mon corps.

C'est avec toi que je suis le plus lié. Continue de revenir en ton centre et de prendre soin de toi. Cela me fait du bien et me permet de ressentir la connexion à la vie. Même si je perçois la différence entre ton énergie et la mienne, je suis encore en fusion avec toi.

J'ai à la fois hâte de découvrir le monde et qui je suis sur Terre, et j'ai cette capacité d'être pleinement dans l'instant présent.

Quand tu te connectes à moi, tu ressens cette qualité de présence. Tu es là, avec moi, dans l'instant présent. En me regardant, tu ouvres une porte sur le temps. Tu fais l'expérience que le temps est une illusion et que tout est accessible « ici et maintenant ».

21 JUIN

M : Je dors paisiblement et je me sens bien chez vous. Depuis deux jours, j'ai conscience de dormir dans ma chambre. Merci de l'avoir décorée pour que je m'y sente bien.

Mettre des photos au-dessus de mon lit me plaît. Elles dégagent l'énergie des personnes et l'amour qu'elles me portent.

Continuez de vous reposer pour avoir du plaisir à être en ma compagnie.

Hier, je n'ai pas réussi à retrouver le calme rapidement. Merci de ta patience. J'aime quand tu restes calme et que tu oses demander de l'aide à papa quand tu es trop fatiguée. Papa te demande plus d'aide quand il se sent trop irrité.
J'aime votre énergie.

Aurais-tu un message de mon âme maintenant ?

S : **Voici le message de ton âme :**
Sois patient. Ton corps grandit et change chaque jour. Ton système digestif s'adapte encore aux laits que tu ingères (maternel ou en poudre).
Accepte de ralentir ton rythme pour revenir dans l'instant présent. Tu peux encore dormir plus dans la journée. Tu as le temps de grandir et d'explorer ton environnement.
Tu te ressources en dormant. Tu apprécieras plus la vie sur Terre, en ayant un corps et un esprit reposés.

M : Merci de prendre le temps de m'écrire et de dialoguer avec moi. Je me sens parfois en décalage entre la rapidité des pensées de mon esprit et la lenteur de mon corps. Quand tu me parles, je me sens plus exister.

◇◇◇◇◇◇◇◇◇◇◇◇◇◇◇◇◇◇◇

1er JUILLET

M : J'aime ma vie sur Terre à vos côtés. Je me pose encore des questions sur ma raison d'être. Quelles seront mes missions de vie ? Qu'est-ce que mon âme a prévu pour moi ? Serai-je à la hauteur de mon destin ? Serai-je en paix dans ma vie ?

J'aime voir du monde et, en même temps, je me décentre. Je me fonds dans l'énergie de l'autre et j'oublie de me relier à ma propre fréquence. C'est nouveau et perturbant.

Comment rester relié à soi en toute occasion ?

S : **Voici la réponse de ton âme, Matéo :**
Tu fais l'expérience de qui tu es, en comparaison avec ce que tu n'es pas.
Relié à ton âme, tu es « toi ». Mais parfois ton esprit pensant l'oublie.

Tu peux simultanément être relié à ton âme et aux autres. Sois patient et joue avec tes sensations. En changeant ta fréquence, tu perçois différemment ton environnement.

Dialogue et demande de l'aide à tes guides et à tes anges gardiens. Tu peux aussi communiquer avec ceux des personnes que tu rencontres ou avec des esprits de la nature.

Message pour le lecteur

Ton âme a une longueur d'avance. Tu peux sentir que ta vie prend une autre direction, mais la lenteur de la création t'impatiente ?

Ton corps a besoin de temps pour cicatriser, se tonifier ou se transformer. Si tu as une blessure, sois patient avec lui et offre-toi des mots remplis d'amour.

Sois patient et ose demander de l'aide pour alléger ton esprit et prendre soin de ton corps. Offre-toi un massage, une séance chez un ostéopathe ou un chiropracteur. Sens que tu peux avoir du soutien extérieur pour guider ton corps vers la guérison.

Puis accorde-toi un moment chaque jour ou chaque semaine pour mettre ton corps en mouvement. Ton corps a de nombreuses ressources. En le guidant et en le rassurant, il guérit.

Tu peux te répéter la phrase « je prends soin de moi » pour amplifier ta connexion au corps et orienter tes actions vers ton bien-être.

Fais-toi du bien chaque jour, avec ou sans blessure. Fais une pause maintenant et demande-toi comment tu pourrais encore plus prendre soin de ton corps aujourd'hui. Sois honnête et bienveillant avec toi-même.

Puis accorde-toi du temps pour t'offrir ces espaces dans ton agenda. Cela peut prendre du temps pour prendre soin de son corps.

SON

troisième

MOIS DE VIE

Mon expérience

Nous avons eu la visite de mes deux beaux-parents avec leur conjoint respectif, ainsi qu'une visite de ma mère. C'était touchant de voir le papa de Julien s'émerveiller devant Matéo. De voir ses trois générations d'hommes ensemble était merveilleux.

Mon corps a commencé à cicatriser. Les douleurs devenaient moins fréquentes. Mon corps dégonflait et mon ventre diminuait.
J'ai réussi à marcher quinze minutes le troisième mois sans douleur. Je continuais de me faire aider par le chiropracteur et j'ai commencé la rééducation du périnée.

L'allaitement était plus plaisant et léger. J'avais du plaisir à avoir ces moments privilégiés avec Matéo. Quand il était agité, l'allaitement le calmait et le rassurait.

Nous nous sommes rendu compte que Matéo aimait dormir sur le ventre. Il s'endormait plus vite et plus longtemps. Après nous être assurés qu'il n'avait pas régurgité son lait, nous avons privilégié cette position pour lui.

C'était un bébé très tonique, il tenait déjà bien sa tête et, à plat ventre, il pouvait la tourner à droite ou à gauche. Il pédalait dans le vide en permanence, allongé ou sur son transat.

Ses premiers sourires sont arrivés, ainsi que les premiers fous rires. La relation entre Julien et Matéo était très plaisante à voir.

Dès que Julien émettait un bruit avec sa bouche, Matéo éclatait de rire. C'était beau à voir ! J'adorais les voir interagir ensemble. Je testais le même bruit et la même position… sans succès.

Les pleurs de décharge au moment du coucher ont continué jusqu'à ses 4 mois. Nous devions encore nous armer de patience pour rester calmes pendant ses cris. Seuls le portage dans le sac et la position allongée sur le ventre dans nos bras l'aidaient à se calmer. Nous nous relayions et continuions d'avoir l'aide de nos proches pendant cette période. Ses nuits devenaient de plus en plus longues, il faisait une moyenne de six heures d'affilée par nuit.

Je m'occupais souvent de la nuit et Julien gérait le matin. Avec l'aide de nos invités, je pouvais me reposer la journée.

Son évolution physique

Au troisième mois de vie, le bébé mesure entre 55 et 65 cm et pèse entre 5 et 7 kg.

Vers 3 mois, bébé communique en permanence avec ses parents et explore le monde autour de lui. Il développe ses compétences sociales et exprime ses émotions :

- Il peut identifier les différentes voix des personnes autour de lui.
- Il observe les visages et suit les objets des yeux.
- Il sourit spontanément lorsqu'il voit un visage familier.
- Il se laisse facilement distraire et peut interrompre la tétée pour écouter les voix autour de lui.
- Il émet des petits sons aigus ou des vocalises lorsqu'il est content ou quand il veut interagir avec les personnes qui lui parlent ou lui sourient.
- Pour montrer qu'il en a assez ou qu'il y a trop de bruit, il peut bâiller, arquer le dos ou détourner la tête et crier.

À 3 mois, les pleurs de décharge sont fréquents et lui permettent de libérer les tensions accumulées tout au long de la journée. Ces pleurs surviennent en fin de journée, après une série de stimulations, d'impressions nouvelles ou d'émotions fortes.

Même si bébé a été nourri, changé et réconforté, il peut encore pleurer intensément pour relâcher cette accumulation de sensations.

Les pleurs de décharge sont une manière naturelle d'évacuer le trop-plein, lui permettant de s'apaiser et de trouver le sommeil.

Notre dialogue

2 JUILLET

Matéo : Je commence à m'endormir. Les vaccins de ce matin m'ont fait tourner la tête et tu as ressenti mon envie de vomir. Me vider l'intestin m'a aidé à relâcher mon corps. J'aime quand tu me berces sur ton bras, puis me poses doucement sur le ventre dans mon lit.
J'ai entendu ton amie Emmeline s'inquiéter de me voir dormir sur le ventre. Tu peux le faire en toute sécurité, après m'avoir bercé, le ventre collé sur ton avant-bras. Ainsi tu t'assures de ma bonne digestion.
J'aime sentir mon ventre contre le matelas, réconforté et apaisé. Cela me rappelle quand je suis sur ton ventre après la tétée.

J'apprécie de plus en plus ma vie sur Terre à vos côtés. J'aime quand vous vous dites des mots d'amour, votre énergie me fait sourire.

Merci de m'offrir un espace pour m'apaiser. Dans ma chambre, je suis détendu.

Les bébés ressentent les énergies des personnes et des objets qui les entourent, attentifs à la lumière et aux sons. Ils comprennent les pensées et, comme les animaux, sont télépathes. Ils perçoivent facilement les images et les sensations corporelles, surtout s'il s'agit d'une personne avec laquelle le lien d'âme à âme est intense.

Maman, j'aime passer des jours seul avec toi. Quand je vois du monde, je m'enthousiasme tellement que je n'arrive pas à me détendre. J'ai besoin de plus de temps pour me relaxer.

Essayez de m'endormir avant que je ne pleure, au calme, seul dans ma chambre, avec peu de stimuli. Soyez patients. Je trouverai le chemin. Je n'ai que 2 mois de vie terrestre et tout est nouveau pour moi.

J'aime entendre vos compliments. Vos proches et la médecin de ce matin m'en ont offert et je les apprécie fortement. Je sais que j'ai ma place sur Terre. Je suis le quatrième enfant de papa et le troisième de maman. Tu me l'as répété souvent. J'aurai sûrement besoin de l'entendre et de le comprendre consciemment quand je serai plus grand. J'aurais aimé rencontrer et jouer avec mes frères et sœurs, mais je comprends que je suis le premier de vos enfants vivant sur Terre.

Maman, continue de prendre soin de toi et de demander de l'aide. Je n'aime pas te voir triste et fatiguée. Papa, j'ai conscience que mes cris t'agacent à certains moments. Merci de demander, toi aussi, de l'aide à maman quand ta colère est trop grande. Cela ne m'aide pas à me détendre. C'est plus difficile pour moi de me relâcher.

Je ne saisis pas clairement tes pensées et visualise une tension noire intérieure.

Quand tu exprimes ce que tu vis, cela clarifie notre relation. Cela m'aide à différencier ce que tu vis et ce que je ressens. Rassure-moi. Je suis le petit ici et je fais de mon mieux.

8 JUILLET

M : J'aime dormir sur le ventre, en toute sécurité. Continue de m'apaiser et de m'aider à m'endormir dans ma chambre. Faites preuve de patience et incitez-moi de plus en plus à dormir seul.
Le bruit blanc m'aide à me relier à ma source, cela me rappelle le son que j'entendais dans ton ventre.

J'aime rencontrer de nouvelles personnes. J'ai eu du plaisir à rencontrer ton père et à partager une semaine à ses côtés. J'aime son calme et son détachement. Il arrive à revenir dans le temps présent et à savourer chaque jour. Je ressens l'amour qu'il a pour moi et je me sens à ma place ici sur Terre.

Aujourd'hui, je rencontre mon grand-père paternel et sa compagne. J'aime l'amour qui se dégage de leurs yeux. Cela renforce également mon énergie masculine. Je suis fier d'être un homme comme mon papa et mon grand-père.

Je visualise ma rencontre avec ta maman demain. Je vois dans ses yeux l'amour qu'elle me porte. C'est tellement ressourçant et vibrant de ressentir cet amour des personnes autour de moi.
Parfois cette énergie d'amour me maintient éveillé. Mon corps et mon esprit restent plus longtemps alertes pour profiter de cette énergie agréable et légère.

Merci à vous, papa et maman, de célébrer avec ceux que vous aimez ma venue au monde. Je suis accueilli et aimé inconditionnellement.

J'espère que vous continuerez à m'aimer sans condition. Dans mes vies passées sur Terre, j'avais l'impression qu'il fallait que je « gagne » l'amour de mes proches. C'était épuisant et inutile.

Aimez-moi comme je suis.

Sarah : Je ferai au mieux pour ne pas avoir d'attentes, pour t'aimer tel que tu *es*. Je te guiderai en accord avec nos destins respectifs.

M : J'apprécie quand tu me donnes la permission de ralentir. J'aime vivre l'instant présent et devenir indépendant.

Rassure-moi sur mon évolution et rappelle-moi que, sur Terre, le temps nous permet de nous recréer à chaque instant. Nous pouvons nous appuyer sur le temps qui passe pour découvrir qui nous sommes. L'objectif n'est pas d'être grand, mais d'avoir du plaisir à grandir.

Chaque jour, je communique avec mes guides spirituels et mes anges gardiens. J'aime leur présence et je leur demande régulièrement de m'accompagner dans mes journées. Quand tu me laisses seul sur mon tapis de jeu ou dans mon lit, je discute avec eux. Ils me partagent leurs conseils pour que je m'incarne encore. Ils m'aident à ressentir cette connexion à l'Unité sur Terre. Cela m'apaise et je m'endors plus sereinement.

Remercie papa pour la patience qu'il a eue hier. Il est resté calme en me berçant. J'apprécie sa légèreté à mes côtés. Il allonge le temps et savoure plus la vie sur Terre. Il prend conscience de la beauté de la vie dans les moments simples du quotidien.

12 JUILLET 2024

M : J'apprends à m'endormir plus rapidement en journée et j'en suis fier. Es-tu aussi fière de moi ?

S : Je suis fière de toi. Je célèbre ta vie, peu importe ce que tu fais. Là est le plus précieux Matéo. Tu découvriras qui tu es en créant des situations qui ne te ressemblent pas.

J'ai confiance en ton chemin. Je suis fière et heureuse d'être ta maman. Tes sourires et ta joie de vivre me réjouissent.

Plus tard tu auras sûrement oublié ce dialogue télépathique. Continue à sourire et à émerveiller le monde par ta présence. Sois fier de qui tu es et de ton chemin. Aie foi en ce qui te guide et choisis de rester positif ! Voilà les conseils que j'aimerais te transmettre.

18 JUILLET

M : Fatigué je suis par cette journée de voiture et de poussette. Mon monde est réduit, car je vois à seulement quelques centimètres. J'aime être au calme et me sentir détendu. J'aime vos sourires quand vous me rencontrez.

J'apprécie le temps passé avec ta famille. Le calme intérieur m'est nécessaire pour apprendre sur Terre.

S : Oui, j'ai compris que cela ne t'était pas très plaisant de te promener près du lac du barrage de Tseuzier, de faire quarante-cinq minutes de route et trente minutes de poussette. Je te remercie d'avoir été aussi calme pendant le trajet et la randonnée. Les prochains jours seront plus calmes.

M : Notre relation est un partenariat et je te fais entièrement confiance. Vous avancez et j'avance à mon propre rythme.

Nous choisissons nos parents et notre famille d'origine avant notre conception pour qu'ils nous aident à découvrir qui nous sommes. Ce choix de l'âme a parfois ses mystères que l'esprit pensant ne peut comprendre.

21 JUILLET

M : Quand vous vous disputez, je préfère rester le petit et ne pas me mêler à vos énergies. Plus tard, je comprendrai vos paroles et serai plus impacté. Pour l'instant, cela ne me touche pas.

S : Hier, en effet, je me suis disputée avec Julien. Le soir, tu as crié pendant une heure. Fatigués, il nous est difficile de rester calmes et nous sommes les seuls responsables. Même si l'un de nous est en colère, tu peux rester en paix ; cela n'a rien à voir avec toi. Tu es bien trop petit pour t'en préoccuper.

J'adorerais que tu puisses t'endormir seul. Nous allons débuter quelques routines les soirs de la semaine prochaine pour te donner un temps de calme avant l'endormissement. Nous te masserons le ventre, nous te bercerons, nous te laisserons dans ton lit parfois en restant à côté, nous te prendrons en portage, nous te chanterons des chansons...

Nous sommes ravis d'apprendre à te connaître.
Tu souris souvent. Tu adores le contact avec des adultes, en les regardant dans les yeux et en leur souriant. Tu gazouilles de plus en plus et essaies de nous parler en émettant quelques sons.

Tu dors de plus en plus la nuit, plus de neuf heures hier. Tu joues seul plus d'une demi-heure sur ton transat ou ton tapis de jeu. Ce qui nous permet de souffler un peu en journée.

Quand je suis à tes côtés, le temps se suspend. Je suis pleinement là, présente avec toi. Le passé et l'avenir s'allègent dans mon esprit. Je reste connectée à mes sens et cela m'ancre dans le présent.

Depuis mes 16 ans, je voulais être maman. J'ai appris à faire mon deuil de ne pas l'être, et j'ai accepté mes deux fausses couches. Ces expériences m'ont aidée à me rapprocher de moi-même et à choisir d'aimer la vie peu importent les circonstances.

Je suis plus en paix et centrée qu'à mes 30 ans.
La vie sur Terre est une expérience pour se rapprocher de soi, en concrétisant ses rêves, et accepter la réalité.

M : Tu écris ces mots pour que je puisse les lire plus tard. Tu te connecteras à moi plus grand. Je ferai de mon mieux maman pour découvrir qui je suis et prendre soin de moi. La vie est une aventure que je vivrai du mieux que je pourrai.

J'ai aussi envie de contribuer, comme toi. Je me sens connecté à la nature sur Terre. J'aimerais contribuer à sa préservation. Je ne sais pas encore sous quelle forme, mais j'aimerais m'allier à un projet d'envergure pour contribuer. Je te rassure, je ne veux pas « sauver » la planète. Elle n'a pas besoin d'hommes pour survivre. Nous avons besoin d'elle pour exister.

Je ne suis pas très patient et j'aimerais grandir plus rapidement : marcher, parler et avancer dans le monde. J'apprécie quand tu me rappelles que le chemin et l'expérience ont plus d'importance que la destination.

J'accepte de ne pas être autonome aujourd'hui. J'aime nos interactions quand nous croisons nos regards. Nous communiquons d'âme à âme dans ces moments-là.

Le soir, j'apprends à décharger l'énergie accumulée dans la journée. Laissez-moi pleurer pendant cinq à dix minutes dans le lit. Puis reguidez-moi vers la paix. Seul, je ne le peux pas.

Maman, merci pour ce dialogue. Cela m'a surpris au début d'échanger avec toi, alors que je n'étais encore que dans la lumière.

Message pour le lecteur

Tout change. Rien n'est figé dans le temps. Accueille le changement dans ton cœur et visualise-toi évolué dans la direction que tu souhaites.

À quoi ressembles-tu ? Es-tu plus calme et serein ? As-tu le sourire aux lèvres ? As-tu un corps plus tonique et musclé ? Es-tu entouré d'un halo de lumière ?

Décris à voix haute à quoi ce « soi évolué » devant toi ressemble.

Puis fais un pas en avant et imagine que tu es ce « soi évolué ». Retourne-toi et imagine que tu vois le « toi d'aujourd'hui ».

Quel conseil aimerais-tu lui donner ?

Cela peut être « sois patient », « aie confiance », « amuse-toi », « souris », « prends soin de ton corps »... Laisse venir un conseil court et positif.

Rechange de place et remets-toi à la première place, dans la peau de ton « soi aujourd'hui ». Reçois le conseil de ton « soi évolué » et avance d'un pas pour te transformer en ton « soi évolué ».

À cette place finale, comment te sens-tu ? Comment vois-tu le monde ?

Teste l'exercice et reçois ainsi ce conseil précieux rempli de sagesse.

Et la suite ?

Aujourd'hui, Matéo a 6 mois.

Les trois premiers mois ont été intenses physiquement et moralement pour Julien et moi. À la fin du quatrième mois, les nuits furent plus douces et tranquilles. Nous n'avions plus besoin de le porter pour le calmer. Il s'endormait seul dans son lit.

À 4 mois, il a commencé à être chez l'assistante maternelle, quatre jours par semaine de 8 h 30 à 17 heures. Ce fut une libération. J'avais plus de temps pour m'occuper de moi, reprendre le sport, travailler sereinement. J'allais fêter en septembre les 10 ans de ma société Happy Turtle et j'organisais un mois anniversaire de célébration.

Matéo est un vrai amour (tous les parents doivent se dire ça de leurs enfants).

Il est calme et serein. Il gazouille et chantonne. Il sourit et rigole fréquemment. Son père a la palme d'or des fous rires… Je ne sais toujours pas comment il fait !

Il aime interagir avec de nouvelles personnes. Il leur sourit et aime être dans leurs bras.
Il se retourne sur le ventre et s'amuse à attraper ses peluches. Il observe ses doigts et attrape ses pieds. Il commence à agiter ses pieds vigoureusement pour vouloir avancer…

Nous arrivons à nous promener avec lui, à sortir au restaurant ou à aller chez des amis en sa présence.

Il a commencé l'alimentation et c'est un vrai plaisir de le voir découvrir de nouvelles saveurs. Il fait une grimace quand il découvre un nouveau goût… puis ouvre la bouche en grand pour indiquer qu'il en veut encore.

Il aime découvrir le monde qui l'entoure. Il nous remplit de bonheur chaque jour !

D'autres défis arriveront plus tard… Et nous nous réjouissons pour le moment de ces petits bonheurs partagés avec lui.

Message de Matéo pour le lecteur

Aie du plaisir à découvrir le monde qui t'entoure. Tout est apprentissage et découverte pour moi aujourd'hui. J'apprécie les odeurs, les nouvelles saveurs, les couleurs et les formes des objets. J'observe mon environnement et j'apprends.

Parfois, j'ai encore besoin de décharger la pression en moi et je pleure le soir avant de m'endormir.

Toi aussi, va à la découverte de ce que tu ne connais pas. Goûte un nouveau plat, parle à un inconnu, va te promener dans un nouveau quartier. Tu as cette capacité de le faire seul, tout en restant en paix. Tu es autonome, contrairement à moi.

Liste trois rêves que tu aimerais réaliser avant de mourir. As-tu envie de voyager, de chanter, d'apprendre une nouvelle langue ou un instrument de musique ? Ose sortir de ta zone de connaissance et apprends à découvrir qui tu es. Sois créatif et inventif. Tu es à la hauteur. Amuse-toi et célèbre ton autonomie actuelle.

À la fin de ta vie, tu n'auras peut-être plus d'autonomie. Tu redeviendras comme un bébé qui a besoin d'aide pour se nourrir, se changer ou se laver. D'ici là, explore le monde !

Conclusion

Sarah : Cher lecteur, j'espère que ce dialogue t'a plu. Chacun est capable de communiquer d'âme à âme avec son enfant.
S'il a décidé de ne pas rester jusqu'à son terme, fais-toi accompagner pour être en paix. Ce traumatisme demande à être cicatrisé.

Si tu as décidé d'avorter, reste bienveillante avec toi-même et fais-toi aussi accompagner par une thérapie telle que les « constellations familiales ». Elle t'aidera à ne plus te sentir impuissante, victime de la vie, à être en paix avec les hommes et à avancer et célébrer la vie chaque jour.

Si tu es enceinte, demande à ton enfant de vous parler. La nuit, demande-lui en rêve le prénom qu'il aimerait. La journée, parle-lui ou écris-lui. Plus tu développeras ta paix intérieure, plus tu seras capable d'être à son écoute et de recevoir des messages.

Vos âmes communiquent grâce à vos perceptions. Calme, tu diminues tes pensées et ouvres une porte sur ton âme.

Tu peux respirer profondément et poser une main proche de ton cœur. Inspire et expire paisiblement pendant une ou deux minutes.
Puis imagine ton âme sous la forme d'une bulle lumineuse t'entourant. Ressens sa chaleur et sa bienveillance. Visualise cette lumière étincelante baignant ton corps. Puis demande : « Mon âme, quel est ton message pour moi maintenant ? »

Respire de nouveau en silence. Puis laisse venir une sensation, une image ou un son. Tu peux :

- visualiser une couleur, une image fixe ou animée ;
- entendre un silence plus profond, une mélodie ou un mot ;
- ressentir une chaleur, des picotements ou une détente dans une partie de ton corps.

Puis remercie ton âme de ses réponses conscientes et inconscientes. Elle saura t'envoyer ce message sous d'autres manières dans les heures ou les jours suivants. Être connecté à son âme est un des plus beaux cadeaux que tu puisses t'offrir.

En t'entraînant régulièrement, tu te sentiras guidé. Elle t'aidera à prendre des décisions en accord avec tes

aspirations profondes. Elle créera la magie sur Terre que tu recherches.
Lâche tes envies de contrôler ton environnement et souris. Détends-toi et aie confiance. Laisse-toi guider par ton âme.

Si tu as envie de communiquer avec ton bébé, qu'il soit dans ton ventre ou non, emprunte le même chemin.

Respire profondément, calme ton esprit et reste silencieux. Imagine une bulle de lumière entourer ton embryon ou ton bébé et respire quelques cycles. Créer cette connexion a plus de poids que de recevoir un message. Savoure cette connexion, juste en respirant en conscience.
Tu peux ensuite lui demander : « As-tu un message pour moi ? » Respire de nouveau calmement pour revenir dans cet espace de paix intérieure. Puis laisse venir une image, un son et/ou une sensation. Accepte d'être dans le vide. Autorise-toi à ne rien recevoir. Lâche ton envie et accueille ce qui vient simplement.

Si rien ne vient, savoure simplement cette connexion dans ton corps. Tu peux ressentir des picotements dans les mains, une chaleur dans la poitrine, un sourire qui apparaît sur tes lèvres. La connexion est simple. Ne t'attends pas à des poèmes ou de longs écrits lors de tes premières connexions. Reste simple et léger en acceptant la lenteur du message.

Puis remercie ton enfant. Il apprécie chaque connexion. Continue de lui parler.

Prends soin de toi en chaque occasion. Apprendre à prendre soin de soi, en étant enceinte ou avec un nouveau-né, est une belle expérience de vie.

Ose demander de l'aide et reste bienveillant avec toi-même. Tu es un être extraordinaire. Fais confiance à ton corps, prends-en soin et aime-le pleinement. La vie sur Terre peut être belle et magique.

Aime profondément qui tu es et poursuis ta belle aventure sur Terre.

Bibliographie

Sarah Diviné
Mon âme, parle-moi, Trédaniel
La Petite Boîte de la médiumnité, Trédaniel

Bert Hellinger
Pour que l'amour réussisse, Trédaniel

Michel Diviné
100 Vies, 100 Destinées, Trédaniel

Francine Shapiro
Dépasser le passé. Se libérer des souvenirs traumatisants avec l'EMDR, Seuil

François Lemay
Tout est toujours parfait, J'ai Lu

Daniel Meurois et Anne Givaudan
Les Neuf Marches, J'ai Lu

Jirina Prekop
Ich halte dich fest, damit du frei wirst: Die Festhaltetherapie: Grundlagen, Anwendungen und Weiterentwicklungen, Kösel

Notes

Notes

Composition et mise en pages
Nord Compo à Villeneuve-d'Ascq

Achevé d'imprimer en mars 2025
sur les presses de la Nouvelle Imprimerie Laballery
58500 Clamecy

Dépôt légal : mars 2025
N° d'impression : 502555

Imprimé en France